BERLİN DUVARI YIKILIRKEN TÜRKLER

Ve Batı Yakası'ndaki Gazeteci

AYDIN ULUN

SCALA®
YAYINCILIK
"Dünyanıza değer katar"

BERLİN DUVARI YIKILIRKEN TÜRKLER

Sertifika No: 44921

AYDIN ULUN
978-605-71101-3-8

Editör
Hakan Feyyat

Redaksiyon
Cengiz Ayvaz

Fotoğraflar
Aydın Ulun

Kapak ve Sayfa Tasarımı
Adem Şenel

Katkıda Bulunanlar
İlayda Arı

Baskı
Egem Basım Yayın Sanayi ve Tic. Ltd.
Maltepe Mah. Gümüşsuyu Cad. Odin İş Merkezi
B Blok Kat: 2 No. 436 Topkapı / İstanbul
Sertifika No: 43624

Scala Yayıncılık
İstiklal Cad. Han Gecidi Sok. 116-3B
Galatasaray - Beyoğlu - 34430 İstanbul
Tel: (0212) 251 51 26
Faks: (0212) 245 28 43
e-mail: scala@scalakitapci.com

İnternet Satış
www.scalakitapci.com

Öncülere; Almanya'daki birinci kuşağa, atalarımıza!..
Ve Gazeteci Çetin EMEÇ*'e*

BERLİN/DATÇA

2021

İÇİNDEKİLER

BERLİN'DEN UNUTULMAYANLAR

ÖNSÖZ

Önemlisinden başlayayım:

Bu kitaptaki hikâyeler, 1989 yılının Kasım ayında başlayan ve bir süre devam eden kısa bir dönemde, Berlin'de yaşandı.

Günümüzden birkaç 10 yıl önce yani...

Kitaptaki kahramanlar da doğal olarak o dönemi, Berlin Duvarı'nın *yıkım* zamanlarını yaşayan insanlardır. Onların, sözünü ettiğim dönemden "önceki" ve "sonraki" halleri, "iyilikleri" ve "kötülükleri" yazarı bağlamaz. Yazar, kahramanlarıyla bire bir yaşadığı o zamanları, o zamanki ruh hâlini yansıtan duygularını paylaşmaktadır ve onlardan sorumludur.

Dedik ve kapattık...

HOŞ GELDİNİZ!

Batı Yakası gazetecisinin, ünlü Berlin Duvarı'nın yıkıldığı zamanlarda yaşadığı ve yaşanmışlıklarına bire bir tanık olduğu hikâyelere hoş geldiniz!

Bu kitapta, iki Almanya'nın birleşmesiyle oluşan yeni Almanya'nın ve orada yaşayan Türklerin hikâyeleri yer alıyor. Ceberut Berlin Duvarı'nın çevresinde yaşanmış epey gırgır ve matrak olaylar vardı. Tabii ki insanlık adına çok trajik olaylar da...

O dönemin kaderini belirleyen Alman siyasilerle ve o dönemde Berlin'e uğrayan şov dünyasının Türk-Alman ünlüleriyle yaptığım özel röportajları ve röportajların perde arkasını; haberlere yansımayan anları ve anıları kitaba aldım.

Neler söylemişler neler!

İyisi mi gelin sizi, kitabın kıyısında, köşesinde tadımlık niyetine birazcık gezdireyim. Bu vesileyle kitabın "içindekileri" de bu gezinin rehberi olarak sizlerle paylaşmış olayım.

İlk durağımız; kitabın da doğduğu coğrafya Berlin olsun ve açış konuğumuz da, dünya siyasetinin en güçlü liderlerinden Alman Şansölyesi Bayan Angela merkel Olsun!

Medya dünyasının yüz yüze ve de spontan röportajda "Dünya cimrisi" olarak nitelendirdiği Merkel ile bir Ramazan Bayramı kutlamamız var ki sormayın!

Çifte kavrulmuş lokum hediyemizi verdiğimiz Merkel'le röportajımız hiç beklemediğimiz bir şekilde, çok geçmeden "Merkel abla" sıcaklığında ve lokum tadında, pek bir neşeli geçmişti. Özellikle soyadımı telaffuz ederken defaatle yaptığı komik gafları, pek bilinmeyen özelliklerini; sadece yakın çevresinin bildiği "şakacı" Şansölye Merkel ile "şarap sever" Şansölye Merkel'i, kitapta anlattım.

Komünist Doğu Almanya'nın son Başbakanı Modrow... "Bireyi, ekonomiyi ve özgürlükleri ıskaladık, sosyalizmi yaraladık" diyen Hans Modrow ile Doğu Almanya'nın tarihe karışması sonrasında yaptığım, sosyalizmin derin hüznünü yansıtan röportaj…

Batı Yakası'ndaki gazeteci bir haber seyyahıdır:

Rotasında Davos da vardır... AK Parti'nin 2003 ve 2004'teki Davos Zirvesi'nde dünya vitrinine çıkışı, yaşanmışlıklar ve o dönemin ruhunu anlatan anılar, röportajlar… Mesela Sayın Recep Tayyip Erdoğan'ın, 2002 yılında, Davos'ta bu satırların yazarına euro olarak borçlanması (!) ve "Tamam yahu öderiz" demesine rağmen hâlâ borcunu ödememesinin hikâyesi…

Meraklısı, borcun miktarını ve öyküsünü kitapta bulacaktır.

Ve yine Davos'ta, Emine Erdoğan'ın, Türk basınında ilk kez benimle yapmak durumunda kaldığı röportajında anlattığı hayvan sevgisinin trajik öyküsü ve bir siyasetci eşinin iç dünyasına yolculuklarla, bir "muhabir çilesi"nin perde arkası!..

Devam edelim, rota Berlin…

II. Dünya Savaşı yıllarında Almanya'ya tahıl getirip memlekete silah götüren; bu dönemde canlı canlı nutkunu dinlediği Hitler için, "Bücürün tekiydi, o ses neresinden çıkıyordu" diyen, Yozgatlı Osman Kalın amcanın hikâyesi...

Dünyanın ilk porno film oscarlarının dağıtıldığı geceye, bir Türk gazetecisi olarak katılmak ve film teklifi (!) almak…

Fatih Akın ile "Duvar" filmiyle "Altın Ayı" ödülünü aldığı, kırmızı halılı törenin sonrasında, yalnızca eşi Monique Akın ve film ekibinin katıldığı, sahanda yumurtalı, rakılı kutlamada yapılan röportaj ve anılar...

Ahmet Altan ve Neşe Düzel ile tadına doyum olmayan sohbetler eşliğinde geçen, dolu dolu Berlin günleri... Ve Ahmet Altan'ın varlıkta da yoklukta da paylaşımcılığına, bitmeyen gizli cömertliklerine dair unutamadığım anılar.

Berlin'de burslu okuyan Fazıl Say'ın, henüz ünlü olmadığı, mütevazı gençlik yıllarına yolculuk. Berlin'deki küçük bekâr evinin terasında beslediği güvercinler... Özene bezene çektiğim fotoğraflarla yaptığım Fazıl Say röportajının, Ertuğrul Özkök sayesinde (!) güme gitmesi…

Berlin'deki Hayat Kadınları Derneği (HYDRA) ‘nin kadın başkanının duvarlar yıkıldıktan sonra yeniden oluşan "Sex Sektör" ile ilgili açıklamaları... Başkanın Türk erkek "müşterileriyle" ilgili görüşleri ve "Ne olur fazla para verip prezervatifsiz seks teklif etmeyin" çağrısına, Türk erkeklerinden gelen ilginç cevap.

Berlin Duvarı'nın yıkılışı sonrasında, bir biçimde Berlin'e gelen Türk ünlüler, aydınlar… "Eşkıya"nın Şener Şen'i, Ahmet Altan, Tuncel Kurtiz, Bülent Ersoy, İbrahim Tatlıses, Sezen Aksu... Ve diğer ‘değerliler!'

İstedim ki aydınlarımızın, sanatçılarımızın Berlin Duvarı'nın yıkılmasına; dönemin en önemli sözcükleri "glasnost" (açıklık) ve "perestroyka"ya (yeniden yapılanma); yeni dünya düzeni ve globalizme dair kelam ve düşünceleri, bu kitapla kalıcı olsun.

Ayrıca ve en önemlisi, bu kitabın majörü;

"Berlin Duvarı Yıkılırken Türkler"dir

Ve "Berlin Duvarı'nın yıkım zamanları"dır!

Bunu biraz açayım...

Dünya, 1989 yılı sonlarında köklü bir değişim yaşıyordu. Soğuk Savaş sona eriyor, nükleer 3. Dünya Savaşı korkusu yerini "dünya barışı" umutlarına bırakıyor, yıllardır Berlin Duvarı ile bölünmüş olan Batı ve Doğu Almanya birleşiyordu. Bütün dünyanın gözü, kulağı Almanya'da, "duvarlı kent" Berlin'deydi.

Gazeteciliğinin doğum kaydı "1974, Hürriyet-İstanbul" olan bu kitabın yazarı, Batı Yakası'ndaki Berlin'e gitmek için yola çıkan dünya gazetecilerinin arasına karışmıştı bile.

Karışmıştı, çünkü 'bir dünya olayı' olan Berlin Duvarı'nın yıkım zamanlarına, yeniden doğuşun sevincine, umutlarına tanık olmak ve yazmak; bir muhabirin meslek vitrinindeki ışıltılı haberlerindendir.

Hele de ve hele de bu yeniden doğuşun merkezinde yaşayan milyonlarca gurbetçi Türk varsa...

"Dünya Başkenti" Berlin'deki Türkler ve Türkiye kökenliler, döneme farklı bir ruh katan en parlak renkti ve bir başka nakıştı..

Birleşen yeni Almanya'da, Türklerin de yürekleri sevinç buluşmalarıyla çarpmış; Almanların, Duvar yıkımlı hasret sarılmalarına uzattıkları "hoşgeldiniz karanfilleri"ne, onların da gözyaşları düşmüştü.

Okuduğunuzda göreceksiniz.

Bence, Türkler olmasaydı, Berlin Duvarı'nın yıkım zamanları, sadece tekdüze bir sevinç olarak kalacaktı. Değişime, kendi damgasını vuran bu insanlarımızın, haberlere girmeyen, "perde arkasında" yaşanmış harika hikâyeleri, "Yaz beni" diyordu.

Ve...

Aradan üç on yılı aşkın bir zaman geçti. Türkiye'deki ve Almanya'daki otuz yaş öncesi kuşak Berlin Duvarı'nın yıkım zamanlarını pek bilmez.

Bu kitapla hatırlatması, bizden olsun:

Birleşen Almanya'nın ilk günlerinden bugünlere gelmesinde "gurbetçi" Türkler, yaşadıkları ülkenin müreffeh geleceği için yine ve yeniden Almanlarla omuz omuza vermişlerdir.

Tıpkı 1960'larda Almanya'ya gelen ilk ataları gibi.

Bu yüzdendir ki kitapta en çok onlar var...

Okunur veya okunmaz, az satar çok satar ama meraklısı bilir ki, 'Berlin Duvarları yıkılırken biz Türkler'in hikayeleri, bu kitapta vardır!

Kitaba, -benim de çektiğim- o döneme ait fotoğrafların yanı sıra mümkün olduğunca haber ve röportajlarımı da serpiştirerek bu belgeselleri, imkanlar çerçevesinde sizlerle paylaştım.

Batı Yakası'ndaki gazeteci; bunları yazmasaydı o zamanki dünya hâlleri ve yaşanmışlıklar gazete kupürleri arasında kaybolacak ve okuyacaklarınızın birçoğu onunla toprağa gidecekti...

Batı Yakası'ndaki gazetecinin girizgâhı böyle biter.

Bundan sonrası, elinizdeki kitapta devam eder.

Aydın ULUN

DUVARSIZ BERLİN

,,,

DUVARIN SON GÜNLERİ

Berlin Duvarı'nın yıkılmasına birkaç gün kala ortadaki manzara şuydu:

Duvarın üstüne sıra sıra dizilmiş Doğu Alman askerleri ile duvarın Batı tarafında, çoğunluğu gençlerden oluşan ve gece gündüz demeden duvarın yıkılmasını bekleyen, gitar çalıp şarkı söyleyenler. Duvarın üstündeki disiplinli, 'görev başındaki' Kalaşnikoflu Doğu Almanyalı askerlerle şakalaşmak isteyenler sırnaşanlar, karanfil atanlar, bira ve sigara ikram etmek için sataşanlar... Duvarı çekiçle yıkma girişiminde bulunanlar... Yıkımı bekleyen binlerce insan...

Tarihler 9 kasım 1989'u göstermeye başladığında, duvarın üstündeki askerler Kalaşnikofları bırakıp silahsız olarak elleri arkalarında beklemeye başlamışlardı. Sonra bir sabah baktık ki duvarın ne üstünde ne de arkasında asker vardı.

Duvar artık askersizdi.

Ve bu, Berlin Duvarı'nın tarihindeki bir ilkti.

Duvarın, Berlin'in en önemli tarihi merkezlerinden olan Brandenburg Kapısı (Brandenburger Tor) yakınındaki kısmı, en yoğun ve kalabalık olan yerdi. Biz gazeteciler, fotoğraflarımızı, haberlerimizi, röportajlarımızı ağırlıklı olarak hep oradan çıkardık. Hürriyet Berlin Büro (alkışlarla) olarak -tıpkı diğer dünya gazetecileri gibi- hep oradaydık ve arılar gibi çalışıyorduk.

Tabi o yıllarda (1989) dijital makineler, internet, akıllı cep telefonları olmadığı için fotoğrafları ya karta bastırıp "telefoto" geçiyorduk ya da diaları uçakla bazen yıkanmış, bazen de makara makara Hürriyet'in Frankfurt'taki merkezine veya İstanbul'a gönderiyorduk.

Gazeteciliğin son "manuel" dönemleriydi…

Metrolar, otobüsler tıklım tıklımdı. Keza Berlin trafiği de tarihinde yaşamadığı kadar yoğundu. Biz, Batı Yakası'ndaki Türk gazetecileri zamana karşı yarışıyorduk çünkü Türkiye baskıları vardı, saat farkı vardı, uçak saatlerine uymak vardı; vardı da vardı... Buna bir de soğuk hava ve yağmuru da katın; biz muhabirlerin işleri epey zordu.

DUVAR YIKIMINDA "İNLER VE CİNLER"

Bence her ikisi de biz Türklerdik...

Almanlar "Biz bir ulusuz" demenin duygusallığı içindeydi. Doğu Almanya'dan gelen soydaşlarına Berlin'in en büyük meydanlarında kazanlar kurup, çorba ve yemek dağıtıyorlardı. Her birine "ayakbastı" ya da "hoş geldin" parası olarak 100 mark veriliyordu. Varsa çocuklarına da...

Bunun yanı sıra Batı Almanya, Demokratik Almanya Cumhuriyeti'nin (Deutsche Demokratische Republik-DDR) Batı'da hiçbir değeri ve hükmü olmayan markını, kendi markı ile bire bir eşit kabul edince yoksul komünist halk, rüyasında bile göremeyeceği maddi kaynağa sahip olmuştu.

Berlin'deki bankaların önünde 100 marklık hoş geldin parasını almak için bekleyenlerin oluşturduğu kuyruk, yüzlerce metreyi buluyordu. Soğuk havalarda, karda, yağmurda bile azalmıyordu. Bu kuyruklara, arada bir çay, kahve ve yiyecek servisi yapanlar da genellikle Türklerdi. Bu hizmeti para karşılığında yapanların yanı sıra, acıyıp gönüllü olarak yardımda bulunan çok sayıdaki insanlarımızı da unutmamak gerekiyor.

Bu arada kuyrukta bekleyen, saf, kapitalizmden yana gözü açılmamış Doğulu Almanlara akıl veren bazı Türkler de vardı, "Bir 100 mark daha kazanmak ister misin?" diye soruyorlardı. "Evet" cevabını veren Doğulu Alman'a (Bazısı bu yardım için komisyon talep ediyordu ama "kıyak" olarak yardım edenler de vardı) "Git şu bankadan da 100 mark para al, veriyorlar" diyorlardı.

Çünkü birleşmenin getirdiği heyecan ve coşkunun yaşandığı, o ilk birkaç günlük dönemde, birçok kurum gibi bankalar da hazırlıksız yakalanmıştı.

15 MİLYAR MARK HOŞ GELDİN PARASI

Bazı bankalar, 100 markı verdikten sonra gerekli belgeleri vermeyi ya da almayı unutuyor bazen de belgeyi detaylı hazırlayamıyordu. Kalabalığın getirdiği telaş ve karambolle 100 marklık hoşgeldin belgeleri bi biçimde kaynıyordu.

Bu kısa boşluktan epey Doğulu Alman yararlanmıştı, ama bankalar çabuk uyanmış ve bu boşluğu gidermişlerdi. Hoş geldin parası, Batı Alman devletinin bütçesinden karşılıksız çıkıyordu ve çoktan 15 milyar mark sınırına dayanmıştı.

Öte yandan Doğu Alman markının Alman markıyla eşitlenmesinden, özellikle başlangıçta haberi olmayan çok sayıda Doğu Alman vardı. Genellikle köylerdeki, "uzak köşelerdeki" bu Doğu Almanlardan, düşük fiyatla Doğu Alman markı alıp, Batı'da Alman markına çeviren epey "uyanık" vatandaşımız oldu.

Bu ucuza kapatma süreci, aradan yıllar geçse de "uyanık olacaksın kardeşşş"çiler tarafından övünç vesilesi olarak hâlâ sık sık anlatılır. Finaldeki "Ne günlerdi be!" cümlesiyle duvarın yıkıldığı günlere cila çekilirdi.

KOMÜNİST DOĞULULAR VE LÜKS

Birleşmeyle gelen yardımlar sayesinde Doğu Almanların cebi parayla doldu. Hele de üst düzey bürokratlar, siyasiler vs. Ancak Doğu Almanların, kapitalizmin egemen olduğu pazarlarda "para kullanma kültürü" sınırlıydı. Mesela önceliklerinde, haklı olarak yıllarca ulaşamadıkları, hayalini kurdukları "lüks" yiyecekler, içecekler vardı: Muz, döner, albenili şişelerdeki alkollü ve alkolsüz içecekler, vs.

Tespit amacıyla söylüyorum, doymuyorlardı; çünkü hayallerindeki tatlarla buluşmuşlardı. Alışverişe ve yemeğe gözleri doymuyordu. Albenili ambalajların "ye beni" çağrısı, efsane Batılı markalar, Doğu Almanlara, yokluk yaşamış her canlı için geçerli olabilecek doğal bir süreci yaşatıyordu.

TÜRK İŞ YERLERİ PARA BASIYORDU

Doğu Alman erkeklerinin en büyük talebi, minik transistörlü radyolara, teyplere, fotoğraf makinelerine ve kullanılmış otomobillere yönelikti.

Kadınlarsa özellikle Çin malı 12'lik makyaj setlerini, kadın aksesuar ve giyim eşyalarını, süslü püslü ayakkabıları kapış kapış alıyorlardı. Export dükkânı işleten bir Türk iş insanının "Aaabi tırlar geliyor, bitiyor, yetiştiremiyoruz" sözlerini hiç unutmam.

Görmemişlik ve tatmamışlık duygusunun yarattığı pazarı, en iyi şekilde yabancı kökenliler; en çok da Almanya'daki Türklerden oluşan esnaf ve iş insanları dolduruyordu.

Öte yandan yıkılan duvardan Batı'ya milyonlarca insan akarken Türkler de Doğu'ya adeta akıyordular.

Türk iş insanları, girişimciler; Doğu Almanların gelecekte para edecek gayrimenkullerini ve menkullerini araştırmaya ve kısım kısım da almaya başlamışlardı. Ayrıca Doğu'nun büyük kentlerine ya da lojistik merkezlere sebze ve meyve tezgâhlarını kurarak hizmeti Doğuluların ayağına götürüyorlardı. Doğulular bu hizmeti, başlangıçta hem şaşkınlık hem takdir hem de bol alışverişle karşıladılar. Duvar bizim uyanık Türk girişimciler için de yıkılmıştı artık.

TÜRK DÖNERİ DOĞU BERLİN'DE

31 Mayıs 1990 Perşembe
Hardenberg Str. 28, 1000
Yozgatlı Remzi, Doğu Almanya'ya yatırım yapan ilk Türk müteş
Alexanderplatz'ı döner kokusu
Polis çalıntı mücevherlerin sahiplerini arıyor
Türk döneri Doğu'da
Alexanderplatz meydanı yakınlarındaki merkezi yerde imbis açan Remzi Kaplan'ın işçileri Kemal Karaoğlan ve Mahmut Çakmak, Doğu Berlinlilere döner yetiştiremiyor. Doğu Alman-ya'da görev yapan Rus askerleri de Türk dönerine rağbet gösteriyor.
Çevreyi kirleten
2019/6/12 11:28

"En çok satanlar" listesinin bir numarası muzdu ve uzun zaman tahtından inmeyecekti. Dünyada, Türklerin milli yiyeceği olarak bilinen dönerimiz de kapış kapış gidenler arasındaydı. Her döner büfesi -normalde olmaması gereken- hevenk hevenk muzlarla, büfelerin önüne kurulan tezgâhlar ise avokado ve ananas gibi egzotik meyvelerle doluydu.

Duvarın yıkılmasından kısa süre sonra Türkler, Doğu Berlin'in ünlü meydanı Alexandrplatz'a ilk döner büfesini kurdular...

Almanya'daki Türk gazeteleri "Doğu Berlin'i döner kokusu bastı" diye manşetler atmıştı. Doğu Almanya'nın kalbi olan bu yerde, ilk dönerciyi Yozgatlı Remzi Kaplan açtı; onu, bu sektöre yıllarını veren diğer döner işletmeleri izlediler.

Türk girişimciler, diğer Doğu şehirlerinde de fast food ağırlıklı döner, lahmacun, hamburger, sosis büfeleri ve manav, bakkal gibi küçük işletmeleri ardı ardına açtılar.

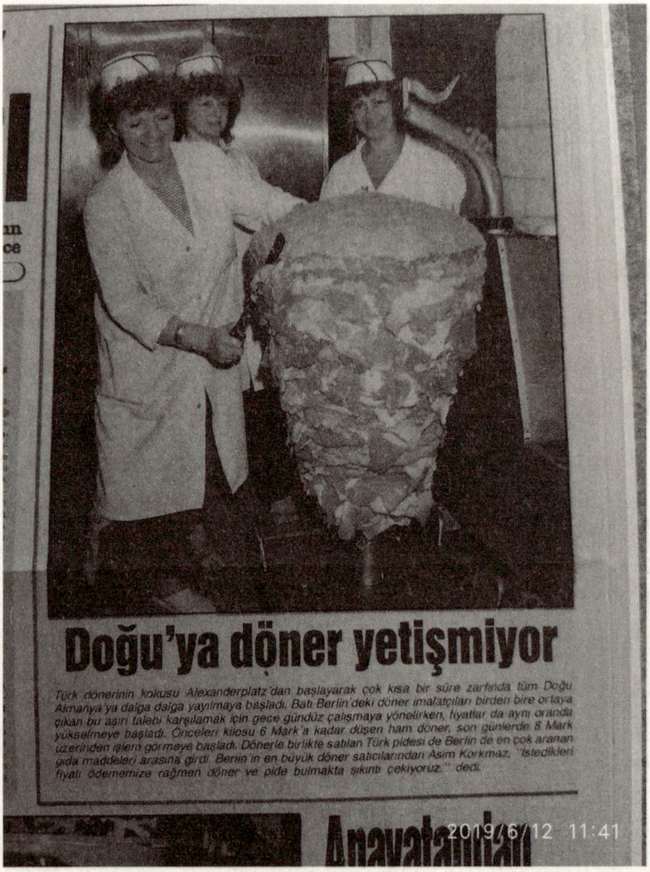

Doğu'ya döner yetişmiyor

Türk dönerinin kokusu Alexanderplatz'dan başlayarak çok kısa bir süre zarfında tüm Doğu Almanya'ya dalga dalga yayılmaya başladı. Batı Berlin'deki döner imalatçıları birden bire ortaya çıkan bu aşırı talebi karşılamak için gece gündüz çalışmaya yönelirken, fiyatlar da aynı oranda yükselmeye başladı. Önceleri kilosu 6 Mark'a kadar düşen ham döner, son günlerde 8 Mark üzerinden işlem görmeye başladı. Dönerle birlikte satılan Türk pidesi de Berlin'de en çok aranan gıda maddeleri arasına girdi. Berlin'in en büyük döner satıcılarından Asım Korkmaz, "İstedikleri fiyatı ödememize rağmen döner ve pide bulmakta sıkıntı çekiyoruz." dedi.

Batı'nın otomobilleri de erkekler için çok cazipti. Doğu Almanya'da, almak için en az on, on beş sene beklemek gereken (çok üst düzey yöneticiler hariç) 26 beygirlik, Trabi marka, konserve kutusu misali arabalar, Doğu Almanya vatandaşlarının en büyük hayallerinden biriydi. Berlin'de, bir Doğu Alman'ın Trabi marka arabası kundaklanıp yakılınca, Batı Alman bir galeri sahibinin 15 bin mark değerinde iki Volkswagen Golf araba hediye etmesi, günlerce "Doğu-Batı dayanışması" olarak medyada yer aldı. Uyanık Batılı galerici, dünyanın parasını verse o reklamı yaptıramazdı tabii... Eh ne de olsa serde kapitalizm vardı.

MARKLARI BALYA YAPIP OTURANLAR

Yıkılan duvardan geçen Doğulular, ikinci üçüncü el arabalara hücum etmişlerdi. O dönemde 500-1000 marka satılan arabalar, beş altı misline satılıyordu. Galericilerin yanı sıra, oto tamircileri de yıkılan duvarın nimetlerini bolca toplayanların arasındaydı.

Her şeye rağmen Doğulular, korkularını ve kaygılarını tam atamamışlardı. Örneğin üç kişilik Doğulu aileler, ilk zamanlarda "yarın ekmek bulamayabiliriz" endişesiyle Türk fırınlarından en az beş altı ekmek alıyordu. "Yarın ekmek alabilecek miyiz?" sorularına, fırıncının defalarca "Evet, açığız, hep ekmek var" yanıtını vermesine rağmen inanmıyorlardı. "Yine bu saate mi", "Aynı ekmekler mi", "Fiyatları değişir mi" diye, kaygı dolu bakışlarla sormaya devam ediyorlardı.

Exportçu Türk mağazalarının önünde beyaz eşya almak isteyen kuyruk oluşturan Doğuluların cepleri doluydu. Satışlar o kadar iyiydi ki kasasında koyacak yer kalmayınca markları gazete kâğıdı veya battaniyeye sarıp balya yaparak üstünde oturan Türk iş insanları vardı.

Batı dünyasının ürettiği her şey, çakmak çeşitlerinden oyuncaklara kapış kapış gidiyordu. Tabii bu pazarı sadece Berlin'le sınırlı tutmamak gerekir. Çünkü tüm komünist sisteme sahip ülkeler, Berlin Duvarı'nın yıkılmasıyla ardı ardına tarihe karışıyordu ve tüm Almanya, artık kapitalizmin en gösterişli vitrini gibiydi.

Doğu Almanya'yı diğerlerinden şanslı ve farklı kılan, arkasında Avrupa'nın ve dünyanın en güçlü, en zengin ülkelerinden Batı Almanya'nın olmasıydı. Yokluktan gelen soydaşlarını, mevcut kapitalist akışa, modern sisteme tereyağından kıl çeker gibi entegre etmek, öyle her ülkenin harcı değildi.

Başa dönersek; bu sosyal, ekonomik ve kültürel geçiş sürecinin içinde mesleğini, Batı Yakası'nın gazetecisi sıfatıyla sürdüren biri olarak diyebilirim ki duvarın "in" ve "cin"leri, yaratıcı ticari zekâlarını ve girişimciliklerini kullanan Türkler ve Türkiye kökenliler olmuştur. Fırsatları değerlendirip "duvar zengini" olan Türklerin sayısı azımsanmayacak kadardı.

Onları da bir başka bölümde ayrıca anlatacağım.

PEKİYİ ALMANLAR NE YAPIYORDU?

Almanların elleri elbette armut toplamıyordu.

On beş milyonluk soydaşı kabul etmek ve onlara da bir gelecek hazırlamak; elbette ki muz, ya da araba satmaya veya esnaf cingözlüğü yapmaya benzemiyordu.

Kültürel farklılıklardan coğrafi ve kentsel dönüşümlere, ekonomik kalkınmadan uzun vadeli iş imkânları yaratılmasına ve komünist sistemin alışkanlıklarının ortadan kaldırılmasına kadar çözülmesi gereken devasa sorunları vardı, tek ulus olan Almanya'nın.

Ancak "birleşen Almanya" uzun ve zor geçecek bu dönemin sorunlarını çözecek zihinsel ve coğrafi bir şantiyenin temelini, ünlü Alman disiplini ile atmaya başlamıştı bile. Milyarlarca marklık "Doğu bütçesi", zamanla milyarlarca euro olarak sürdü. Ancak Almanya süreci kararlılıkla ve bravo denecek bir başarıyla bugünlere getirdi ve Avrupa'nın lokomotif ülkesi olma unvanını da böylece bir kez daha hak ettiğini ispatladı.

Unutmadan, Almanya'da geliri olan tüm insanlardan, "dayanışma" adı altında, zorunlu olarak, on yıllar boyunca "Doğu'ya yardım parası" kesilmişti. Anlayacağınız, bu tarihi birleşmeye, Almanlar kadar bu ülkede yaşayan milyonlarca Türk insanının da parasal katkısı olduğu tartışmasızdır.

II. Dünya Savaşı'nda yıkılmış, harabeye dönmüş Almanya'nın bugünlere gelmesinde, 1960'lı yıllarda Almanya'ya gelen birinci kuşak Türkler büyük rol oynamıştı. Bu öncü Türk işçilerin çocukları ve torunları, atalarının mirasını devraldılar ve yeni Almanya'nın oluşmasında başrolde yer aldılar.

ÖNCE KOMÜNİST SONRA NAZİ

Malum, Doğu Almanlar komünistti. Ama birleşmeden sonra yani Batı Almanya'ya ayak bastıktan bir müddet sonra ilginç bir evre yaşandı. Öncelikle büyük bir çoğunluğun -özellikle yeni kuşağın- komünistliğinden eser kalmadı.

Başlangıçta, despot bir rejimden ve yoksunluktan kurtulmanın hemen ardından Doğuluların hızlı ve lüks tüketim eğilimi anlaşılabilirdi. "Batılı" yaşam biçimine ve kültürüne yabancı olmayan Doğu Almanlar çok geçmeden Batı'nın bu ışıltılı nimetlerinden, Türklerin "bile" faydalandığını keşfettiler. Türkler ve lüks arabaları, evleri, işyerleri, şık restoranları, döner büfeleri, manavları, bakkalları vs.

Sandılar ki bunlar, hayatlarını ekmek parasına adayan "yabancı" Türklere, kapitalizm tarafından bedava verilmişti ya da veriliyordu.

Doğu'dan gelen yeni Almanlar çok geçmeden Almanya'da çalışma hayatının disiplini ve kapitalizmin kurallarıyla tanıştılar.

O dönemlerde Almanya, dünyanın en gelişmiş sosyal devletleri arasında yer alıyordu. Duvarın yıkılmasıyla 15 milyonluk bir göçle karşı karşıya kalan ülke, dünyada esen liberalizm rüzgârının ve Avrupa Birliği'nin (AB) fikri jimnastiklerinin altında mevcut sosyal devlet yapısından da giderek uzaklaşıyordu. Sosyal yardımların bir kısmı kesiliyor, Almanya daha sağa kayıyor, milliyetçi duygular kıpırdıyordu. 1990'lı yılların ortalarına gelindiğinde, özellikle Doğu Alman gençleri Batı merkezli, ırkçı Nazi gruplara dâhil oldular ve onlardan daha çok Türk ve yabancı düşmanı kesildiler.

Doğu Almanya'daki şehirlere, köy ve kasabalara yerleşen Türklere ait evlere ve işyerlerine saldırdılar, yaktılar, yıktılar. Duvarlara çizdikleri Nazi işaretlerinin, sağına soluna yazdıkları "auslander raus" (yabancılar dışarı) sloganından "Türken Raus" (Türkler dışarı) sloganına geçtiler.

Doğu Almanya'da iş yeri sahibi Türklerin bazıları, polisin sessiz kaldığı ya da ağırdan aldığı zamanlarda kendilerini koruyarak saldırıları püskürttüler ve evlerine Türk bayrağı astılar. Özellikle 1990'lı yıllarda ve 2000'li yılların başlarında, eski Doğu Almanya sınırları içinde yaşanan bu tür Nazi saldırılarıyla ilgili onlarca haber yaptığımızı hatırlarım.

Günümüzde, özellikle eski Doğu Almanya içinde yabancı düşmanlığı şekil değiştirerek ama örtülü olarak palazlanmaya devam ediyor. Nitekim Alman Federal Meclisi'ne (Deutscher Bundestag), Afd (Almanya için Alternatif) gibi sağ popülist bir partinin girmesi, "Irkçılar parlamentoya girdi", "Yabancı düşmanları siyasette" şeklinde, büyük tartışmalara yol açtı. Günümüzde aşırı sağ, ırkçı bir tehlike olarak özellikle "yabancı" kökenliler üzerinde kendisini hissettirmekte.

Elbette ki sorumluluk sahibi, milyonlarca antirasist (ırkçılık karşıtı), demokrat Alman'ın, Neonazilere karşı yabancı kökenlilerle bir arada, duvar gibi durup, cesur dayanışmalarını sürdürdüğünü hatta kavgalara girdiğini de alkışlarla söylemeliyim. Neonazilere yönelik uygulamaların zayıflığı tartışılsa da Almanya, parlamentosuyla, demokratik kanunları ve ırkçılığa karşı kurumsal refleksleriyle günümüzde ırkçılığa karşı güven vermektedir.

Dünya tarihindeki tüm faşist ve ırkçı saldırılar nasıl unutulmuyorsa Almanya'da yaşayan Türkiyeliler ve tüm göçmen kökenliler, kendilerine yapılan ırkçı saldırıları unutmadılar, unutmayacaklar da!

Hâl böyle olunca;

Sorarak derim ki, "Nasıl yaparsınız?"

Çok değil az geriye saralım ve yıkılmış duvarın ardından akın akın gelen, binlerce Doğu Alman için Batı'da düzenlenen "karşılama

gecesi"ne gidelim... O hasretleri bitiren gecede, sımsıkı kucaklaşarak "Özgürlüğün ve özgürce yaşamanın milliyeti olmaz" dememiş miydik, birbirimize?

Boşuna mıydı?

1989 Kasım'ının soğuk gecelerinde, buharlara sarmalanmış sevgi ve sevinç sözcükleriyle süren kucaklaşmalarımız...

Verdiğimiz kırmızı güller, karanfiller; havaya kalkan, Bavyera şarabı dolu kadehlerimiz eşliğindeki hoşgeldinizler...

Beraber yıktığımız Berlin Duvarı'nın kalıntılarına sırtımızı keyifle dayayıp özgürlüğe dair en saf duygularla döktüğümüz sevinç gözyaşlarımız...

Ve sonrasında sorarım ki...

O gecedeki yabancılardan biri olarak (elbette ki masum, antifaşist çoğunluğu tenzih ederek), "Nasıl yaptınız, nasıl yaktınız, nasıl öldürdünüz yabancı?" diye.

"Duvarın yıkılmasıyla gelen o insana dair has, ulvi duyguların sonrasındaki en trajik sonuç nedir" derseniz; "Irkçılığın, yabancı düşmanlığının yükselmesidir" derim.

Ha, bir de insanlığın, sonu gelmeyen "Brütüs" ihaneti!

DUVAR YIKILIRKEN VİTRİNE ÇIKANLAR

Duvarın yıkım günlerinin, en ilginç ve gırgır yanlarını anlatırken bir yandan da sizleri, o günlerin ruh ve madde âlemine (!) götürmeye çalışacağım:

* Doğu Almanların Batı'ya akını başlayınca, Almanya'nın en çok satan gazetesi Bild, "Almanya kucaklıyor" manşetiyle çıktı. Yerel ve ulusal medyada "Berlin Duvarı elek oldu", "Berlin'de gözyaşı seli", "Almanya tek ulus", "Kalbimize bastık" gibi duygusal manşetler dikkat çekti.

* Aldığı 100 marklık "hoş geldin" parasıyla 6 marklık loto oynayan Doğu Alman yurttaşı, 1 milyon 215 bin 701 mark tutarında ikramiye kazandı. Magdeburg'da çalışan 40 yaşındaki talihli "Batı Almanya ziyaretim sırasında, yeni duyduğum, çok para verdiği söylenen lotoyu oynayayım istedim. Tabii iyi oldu para kazanmam. Şanslıyımdır... Ama ben Batı Almanya'ya taşınmam çünkü eski memleketimde daha mutluyum" dedi.

* Duvarın yıkılmasıyla birkaç gün içinde 2 milyonu aşkın insan Batı Berlin'e akın etti.

* Doğu Almanya'da Komünist Parti Politbürosu'nun "İsteyen istediği yere gidebilir" açıklamasının ardından, duvarda açılan 9 yeni kapıdan, bir günde 150 bin Doğu Alman vatandaşı Batı'ya geçti.

* Berlin Duvarı'nın yıkılmasıyla ortaya çıkan molozlar daha sonra hediyelik eşya hâline geldi. En çok da boyalı, figürlü, grafitili moloz parçaları rağbet gördü.

* İçinde duvar parçalarının bulunduğu 10 ton ağırlığındaki toplam 19 tahta kutu, Hamburg Havalimanı'na getirilip, uçakla New York'a gönderildi. Berlin Duvarı'nın parçalarını, kimin sattığı ya da gönderdiği açıklanmadı.

* "Doğu Almanlar, Türklerin işine göz mü diktiler" sorusu, birleşme sevincinden bir müddet sonra sorulur oldu. Ancak Alman iş dünyası duygusal değildi. Almanya'nın en iyi işçileri Türk işçileriydi ve Türklerin yeri doldurulamazdı. Soydaşlara öncelikle Batı'nın kapitalist eğitiminden geçtikten sonra bakılacaktı.

Nitekim de öyle oldu ve duygusal ortama rağmen "hamili kart yakınımdır" ibareli kart taşısa da soydaşa ve yandaşa torpil asla olmadı. Almanlar liyakatten milim taviz vermediler.

* 9 Kasım 1989'daki, duvarın yıkım gecesinde ve sonraki günlerde, sınır kapılarında 10 km'lik Batı'ya geçme kuyrukları oluştu. Kuyruklarda en çok satılanlar arasında muz, portakal, taze üzüm ilk üçteydi.

Ve tabi ki 10 km'lik kuyruğa hizmet veren uyanık seyyar satıcılar, Türklerden oluşuyordu.

* Berlin Duvarı'nın yıkılmasının ardından Doğu ve Batı Almanlar; "Şimdi ne düşünüyorsunuz" sorusuna en çok "Artık o tarihi bir kalıntı ama hep utanç duvarı olarak kalacak insanlığın hafızasında" cevabını vermişti.

* Berlin Duvarı'nın yıkılması seks sektöründeki rekabeti sertleştirdi. Batı'daki eşcinseller ile "piyasayı düşüren" Doğulu eşcinseller arasında bıçaklı sopalı kavgalar çıktı. Türkiye kökenli eşcinsel konsomatrislerin çalıştığı, "yumuşak ve huzurlu" olarak tanımlanan mekânlarda ilk kez görülen kavgalara polis, biraz da şaşkınlıkla müdahale etmek zorunda kaldı. Türkiyeli eşcinseller direndiler, kazandılar ve pazarlarını uzunca bir müddet korudular.

* Berlin Duvarı yıkılır da "Türk usulü" kutlama yapılmaz mı? Bir yanıyla Almanyalı olan, 90'ların seksi yıldızlarından Hülya Işıl, ricamızı kırmayıp oryantal giysileriyle Berlin Duvarı'nın önünde, mini bir dans şovu yapmış, çevredekilerden de alkış almıştı. Selam olsun!

Zennube ve Berlin duvarı

Berlin Duvarı'nın önünde insanlar yıllar boyu çeşitli nedenlerle, çeşitli şovlar yaptılar. Ama Berlin Duvarı'nın önünde hiç bir Türk vatandaşı, her iki Almanya'nın da Türkiye'ye karşı koyduğu vizeyi protesto etmek amacıyla göbek atmadı. Ünlü dansözlerimizden Hülya Işıl, artık son demlerini yaşayan duvar'ın önünde "Zennubeli" oyun havasıyla, hem bu durumu protesto etti, hem de artık yumuşama hareketlerinin yaşandığı bu döneme, göbekli bir dostluk mesajı ilettiğini söyledi.

* Şahit olmadım ve o hareketli günlerde de doğrulatamadık ama Berlin Duvarı'nın dibinde, kutlama niyetine çiğ köfteli, mangallı ve aslan sütlü çilingir sofraları kurulduğu da sık anlatılanlar arasındadır.

* "Duvar yıkıldı, biz hep ayaktayız!" İmza: Mahsun Roterose (Mahsun Kırmızıgül)... "Şerefsiz duvarın şerefsizliğine arkadaşlar!", "Duvar yıkılır, hikmeti 70'lik büyüğümüzden sorulur", "At kadehi duvara, bin parçaya bölünsün" gibi meyhane güzellemeleri de söylenir olmuştu.

* Berlin Duvarı parçalarının, hediyelik olarak en çok satıldığı dönemler, Alman milli bayramları, hafta sonları ve tarihi günlerdi. Bu dönemlerde tezgâhlarını boyunlarında taşıyan ya da tekerlekli tezgâhı olan seyyar satıcılar (çoğunluğu Türkler) Berlin'in turistik meydanlarını karınca gibi dolduruyordu.

* Duvar parçalarını Berlin'de en çok pazarlayanlar Türkler oldu. 150-200 ailenin bu işten ekmek yediğini belirten kıdemli Türkiyeli seyyarlar "Gezici satıcılık artık vazgeçilmezimiz oldu. Bu sektör tarihi bir sektördür hep sürecektir" diyorlardı. (1990 yılındaki bu sözler günümüzde de geçerliliğini koruyor ve duvar parçaları hâlâ Berlin'in en çok ilgi gören tarihi turistik hediyeleri arasında yer alıyor.)

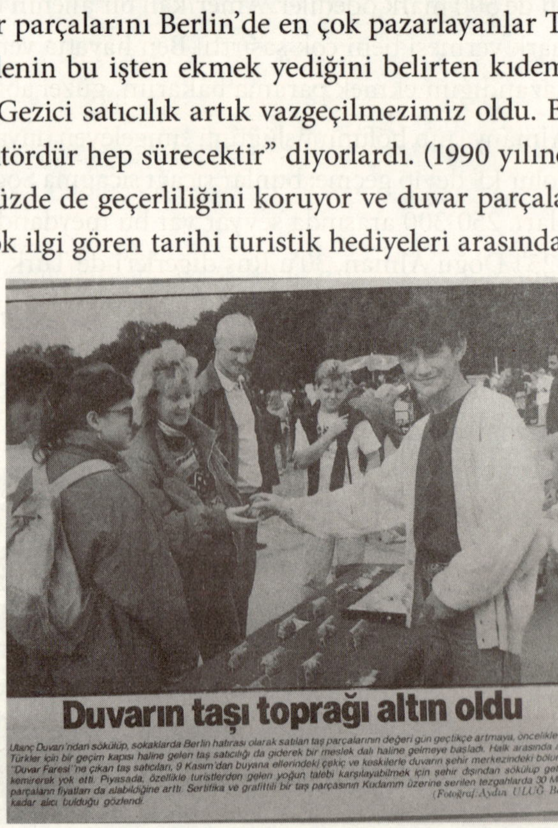

Duvarın taşı toprağı altın oldu

Utanç Duvarı'ndan sökülüp, sokaklarda Berlin hatırası olarak satılan taş parçalarının değeri gün geçtikçe artmaya, öncelikle iş
Türkler için bir geçim kapısı haline gelen taş satıcılığı da giderek bir meslek dalı haline gelmeye başladı. Halk arasında ad
"Duvar Faresi"ne çıkan taş satıcıları, 9 Kasım'dan buyana ellerindeki çekiç ve keskilerle duvarın şehir merkezindeki bölüm
kemirerek yok etti. Piyasada, özellikle turistlerden gelen yoğun talebi karşılayabilmek için şehir dışından sökülüp getir
parçaların fiyatları da alabildiğine arttı. Sertifika ve grafitili bir taş parçasının Kudamm üzerine serilen tezgahlarda 30 Mar
kadar alıcı bulduğu gözlendi. (Fotoğraf: Aydın ULUĞ Ber

* 1990 yılında; Doğu Bloku'na ait askeri elbise, şapka, matara, tişört, rozet, matruşka, Rus parası, Rus saatleri, gece ve gündüz dürbünü, gaz maskesi, fotoğraf makinesi, kelepçe ve Doğu Alman bayrağının satıldığı bir tezgâhın sermayesi, 500 ile 600 mark arasında değişiyordu.

* Amerikalılar Rus şapkası ve kemerlerini, Japonlar duvar parçası -hastalık derecesinde istekliydiler, verilen fiyatlara hiç itiraz etmezlerdi-, Fransızlar Rus semaveri ve matruşka, İtalyanlar küçük ve ucuz ama dikkat çeken basit otomobiller, anahtarlıklar (ıvır zıvırlar) satın alıyordu. Türkler ise tezgâha bakıp, "Hemşo nasıl gidiyor, bu işte iyi para var mı" diye soruyorlar ve hiçbir şey almıyorlardı, cevap dışında!

* O dönemde Berlin'deki tarihi Brandenburg Kapısı'nda tezgâh açan Iğdırlı Yalçın Canpolat İle yaptığımız bir röportajdan:

"ABD'li bir aileye 80 kilo ağırlığında duvarın iki yüzü de bulunan bir taş sattım. Taş için bana 700 mark verdiler ve taşın Amerika'ya gönderilmesi için de 500 mark ödediler. Amerikalı bir ailenin bir taşa toplam 1,200 mark vermesi beni çok şaşırttı. Ben hayatta vermem! Ama ben işime, kazandığım ekmek parama bakarım, güzel abim benim!

... Abi 'Almanya'nın bölünmüşlüğünü simgeleyen duvar taşlarının satışından nolur ki' deyip geçme; bunlar sıcağı sıcağına Soğuk Savaş'ın hatıra parçaları. 250-300 arasında seyyar var bu meydanda. Bunların yaklaşık 20-25'i Doğu Alman, 30'u Rus diğerleri de Türk satıcılar. Bu satıcıların ailelerini de düşünürseniz 1,500-2,000 kişi ekmek yiyor bu tarihi kapının civarında yapılan satışlardan. Arkadaşların hepsinin 'Gezici Satıcı' denilen müsaade kartı yok. Fakat Alman polisi de bıktı artık her gün kontrol edip, mallara el koymaktan"

Tezgah açıp, hediyelik eşya satan Türkler polisle köşe kapmaca oynuyor

Alman zabıta, Türk işportacıya karşı!

Brandenburger Tor'daki meydanda yaklaşık iki yıldan beri, çok sayıda Türk, Doğu Ülkelerinin askeri ve simgesel eşyalarını satıyor. Şimdi çok sayıda Alman da bu işle uğraşmaya başladı.

3. sayfada

Kelepçenin izleri duruyor

Hürriyet

BERLİN

Dışarıdan ilkokul bitirme sınavları

Alman bürokrasisi Almanları bile çıldırtıyor

* Doğu Almanya'dan gelenlere verilen "hoş geldin" paraları, Batı Almanya'ya, uyanıkların bankalardan fazladan aldığı 100 marklık banknotlar da dâhil milyarlarca mark yük getirdi. Bu paraların yüzde 50'si Batı Berlin'deki bankalardan ödendi.

* Berlin Duvarı'nın ilk beton parçasının "resmen" yerinden sökülmesi töreninde yapılan açıklamada, bendenizin de arasında olduğu Türk gazeteciler dâhil, bin kişilik gazeteci ordusu hazır bulunmuştu.

Bin gazeteci... Varın kargaşayı siz düşünün.

(İzniniz olursa sizi o gün yaşadıklarımıza götürüp, bir gazeteci olarak sizinle dertleşeyim.)

Sağanak yağmurlu bir akşam olduğu için beton duvarın vinçle yerinden söküldüğü anda çakan flaşlarla ortalık ışık gösterisine dönüşmüştü. En iyi fotoğrafı, enstantaneyi yakalamak için dirsekli, kollu, itiş kakışlar, bağrışmalar... Yumruklaşmaya çeyrek kalmıştı.

Bu bakımdan Batı'daki ya da Doğu'daki gazeteci için değişen bir şey yok. Yaşananlar evrensel mesleki refleksin bir sonucu. Yağmur altında, saatlerce önceden yer tutma, fotoğraf makinesini yağmurdan koruma... Eldivene rağmen üşüyen eller, ayaklar... Ve sonuçta, omuza dokunarak söylenen "İş içindi, afedersin" benzeri ifadeler ve ısmarlanan gönül almalı, sıcak kahvelerle yaşanan mesleki duygular.

* Türklerin yoğun olarak yaşadığı ve "Küçük İstanbul" olarak da bilinen Kreuzberg semti, Mahmutpaşa'ya dönmüştü: "Alles fünf mark füüünf, füüünf meine maine damen und herren!" (Baylar bayanlar ne alırsan al hepsi beş mark, beeş beeş!" diye avaz avaz ve bize has pazarcı ağzıyla bağıran Türk exportçular mal yetiştiremez olmuştu.

Hürriyet BERLİN

Hardenberg Str. 28, 1000 Berlin 12
Telefon : 881 79 15

Doğu, tüm cepheleriyle yaşantımızın parçası oldu

Doğu'da iş yapan Türkler ortaklarıyla bir türlü uyuşamıyor

Doğulu ortak fos çıktı

● Doğuluların çalışma sistemleri ve anlayışları Batı'ya uymuyor. Türk müteşebbisler onları dik başlı ve müşteriye karşı nezaketsiz olarak niteliyor.

● Bir Türk iş adamı şunları söylüyor: "Müşteri kuyrukta beklerken ortağım otomatta oyun oynuyordu. Durumu söyledim, "Bizim insanımız 40 yıldır kuyrukta beklemeye alışıktır, boşver" dedi. Bu esnaf kafasına ve ahlakına uymaz."

● Bir çok dalda iş yapan Türk yatırımcıları artık Doğu Almanlarla ortaklık yerine, kişisel olarak girişimlerde bulunup tek patron olmayı daha akılcı buluyorlar.

Doğulu henüz işin başında

Döneri çok seviyorlar

Doğu pazarına hücum

SFF televizyonu Cemalettin Çetin'in bürosunda Türk gençleriyle görüştü

Caminin Postdam'da

Doğu Almanlar bu müzikaliteyi (!) gülerek, şaşırarak, farklı duygularla seyrediyorlardı... Kuyrukta beklerken şov izler gibiydiler. Daha sonra Doğu Almanlar dükkânlarının önünde uzun kuyruklar oluşturunca bağırmaktan vazgeçmişler, bu sefer de dükkânın içine, açgözlülükle dalan müşterileri disipline etmek için bağırmaya başlamışlardı.

...ceğini bilememenin
...p, sınır kapılarının
...yının yarattığı he-
...ıkılmak üzereyken
... kalabilen evlerin
...mallar kapışılıyor.

50 yıl öncesinin Almanya'sından sanki hiçbirşey değiş-
memiş Doğu Almanya'da. Batılılar'ın objektifine takıl-
maktan bıkmış usanmış Doğu Almanlar, resimlerinin
çekilmesine şiddetle karşı çıkıyor ve "Artık bizi hay-
vanat bahçesinde kafese konulmuş maymuncuklar gibi
görmekten vazgeçin" diyor.

● 11. sayfada

PKK lic... Abdu...

Dükkanlar önünde bitmeyen kuyruk

Doğu Almanya'da Batı mallarını satan veya günlük gıda malzemelerinin bulunduğu dükkanlar önündeki kuyruklar alışılmış şekliyle devam ediyor. Bıkıp usanmadan dakikalarca sıra bekleyen insanların tek dertleri Batılı objektifler...

2019/6/12 14:28

* Alman Şarap Üreticileri Birliği, 1990 yılında, yeni mahsul üzümlerden yapılan bir şaraba "Gorbaçov" adını verdi. "Şarapta siyasete hayır" diye itirazlar gelse de değişen bir şey olmadı, "Gorbaçov" piyasaya çıktı!

* İki Almanya'nın birleşmesinde en büyük rol hiç kuşkusuz Almanya'nın siyasi tarihine damgasını vurmuş bir isim olan Helmut Kohl'ündür.

* Doğu Almanya'nın son liderlerinden Erich Honecker, 1989 Şubat'ında "Berlin Duvarı 50-100 yıl daha kalır" demişti. Bu açıklamadan 9 ay sonra duvar yıkıldı ve 3 Ekim 1990 yılında Almanya Federal Cumhuriyeti resmen tek devlet oldu. Almanlar arasında, bu 9 ayı özgürlüğün doğumu olarak değerlendirenler oldu.

TANJU, DÖNER VE 10 KADINLA NİKÂH

Duvarların yıkıldığı 1989 yılında, başkent Berlin'de 125 bin Türk yaşıyordu ve sınırların açılmasıyla başlayan yeni sürece tümüyle katılmışlardı. Türklerin yoğun olarak yaşadığı Kreuzberg semtindeki sınır kapılarının açılmasıyla Batı'ya geçen Almanları ilk karşılayan ve kucak açanlar Türkler olmuştu.

Hürriyet

3 ARALIK 1989 PAZAR

Kurucusu: Sedat Simavi 1896-1953

Türkiye Türklerindir

D 7636 A

Hürriyet'in hizmeti s

'Süper Ka

EMRİNİZ

● Türkiye Liglerinde bugün oyn
ların sonuçlarını anında ö
için Hürriyet'in 069- 6938
'Süper Kanalı'nı aramanız

Hürriyet'in araştırması Doğu Almanlar Türkler'i nasıl tanı

'Tanju ve döner ...İşte Türki

Mustafa SAYAN / M.Sefa DOĞANAY

Doğu Almanlardan bazıları Federal Almanya'da yaşayan Türkler milyon civarında tahmin ederken, bazıları da 15 bin dolaylarında oldu

● Utanç duvarı'ndan geçip Batı Berlin sokaklarında tur atan iki Doğu Alman öğretmen, Hürriyet muhabirlerinin "Türkler hakkında ne biliyorsunuz?" şeklindeki sorusunu cevaplarken aynen şunları söylediler: "Sizi daha çok milli takımınızın başarısıyla tanıyoruz...Bizi bu yıl futbolda iki kez yenmeyi başardınız. Almanya'da bulunan 5 milyon Türk'ün, sanırım 2 milyonu Berlin'e yerleşmiş. Başbakanınızın adını dahi biliyoruz. Adı Özal, partisi sosyalist. Ama nedense Türkiye'nin kendisi kapitalist. Biz bu durumu pek anlayamıyoruz."

● Hemen hemen hiç biri Türkiye'nin başkentinin adını dahi bilemezken, sokakta rastgele konuştuğumuz Doğu Alman vatandaşları, Türk erkeklerinin 10 kadınla evlenme hakkına sahip olduklarını söylediler.

● 10. sayfada

Türkiye nerede?

Bedag ve Fuchs aileleri muhabirimiz Sefa Doğanay'ın sorularını cevaplarken bir hayli zorlandılar. Kulaktan

Birleşmenin resmi tarihi olan 3 Ekim 1990 gününün arifesinde, 8 yaşındaki Türk kızı Özge ve 9 yaşındaki abisi Ozan Doğan'ın, Batı Berlin Belediye Başkanı Walter Momper ile Doğu Berlin'in son Belediye Başkanı Tino Schwirzina'ya "Merhaba Yeni Almanya! Almanya'nın birleşmesini tüm Türkler adına kutluyoruz" diyerek birer buket çiçek vermesi büyük alkış almıştı.

* Gazetemiz Hürriyet'in, Berlin Duvarı'nın yıkımının başlamasından (9 Kasım 1989) yaklaşık bir ay sonraki, 3 Aralık 1989 tarihli sayısında "Doğu Almanlar, Türkleri nasıl tanıyor?" başlıklı araştırmanın cevabı, manşetten verilmişti: "Tanju ve döner... İşte Türkiye!"

Hürriyet BERLİN

...Ve 9 Kasım 1989

Son gözetleme

Kaçışın simgesi resim

İnsanlığın yüzkarası "Utanç Duvarı"...Özgürlük uğruna canını verenler...Ve demokrasinin zaferi...

Bu anılar unutulmayacak

● Aynı ülkenin çocukları 41 yıldan beri ayrı yaşıyorlardı... Birbirlerinden kopmuş analar, babalar, çocuklar... Yıllarca birbirlerini görmeyen akrabalar, arkadaşlar... Ülkeyi ikiye bölen bir duvar... Artık hepsi tarih oldu.

O dönemlerde gazeteci arkadaşlarımızla sık sık Doğu Almanlarla röportaj yapıp onları tanımaya ve Türk kamuoyuna tanıtmaya çalışıyorduk. "Tanju ve Döner" cevabını iki Doğu Alman öğretmen vermişti. Devamla da "Sizi, milli takımınızın başarısıyla biliyoruz. Bizi iki defa yendiniz[1]. Almanya'da yaşayan beş milyon Türk'ün, iki milyonu (!) Berlin'e yerleşmiş. Başbakanınızın adını da biliyoruz. Adı

1 Türk Milli Takımı 1990 Dünya Kupası elemelerinde Doğu Almanya ile aynı grupta yer almıştı. Milli takım 30 Kasım 1988'de İstanbul'da yapılan maçı 3-1, 12 Nisan 1989'da Magdeburg'da yapılan maçı ise 2-0 kazanmıştı. Tanju Çolak ilk maçta 2, ikinci maçta ise 1 gol atmıştı.

Özal. Partisi sosyalist ama Türkiye kapitalist; bu durumu anlayamıyoruz" demişlerdi.

Bir kısmı ise Türk vatandaşlarının on kadınla bile evlenme hakkına sahip olduğunu söylemişti. "Türkiye'nin başkenti neresidir?" sorusunun doğru cevabını ise kimseden alamamıştık.

* Duvarın yıkılmasıyla "Doğu Almanya'ya Türk çıkarması" oldu desek yeridir. Berlin'deki Türk iş insanları, girişimciler, bakir "Doğu pazarı"na adeta hücum ettiler. Mesela Doğu Berlin'in ünlü meydanlarından Alexanderplatz yakınlarında, duvarın yıkılmasından birkaç ay sonra ilk manav dükkânını açan, üç Kayserili Türk'tü. Yaptığımız röportajda "İşler tıkır, umduğumuzdan daha iyi gidiyor" demişlerdi. Tarih, 1990 Nisan.

* Devam edelim... 1990 ve duvar taze yıkılmış, Batı Berlin'deki bir Türk iş insanı, Berlin'e yakın Doğu Alman Kenti Leipzig'in göbeğinde 45 odalı, 75 yataklı, üç yıldızlı bir otel ile 100 kişilik bir diskotek satın alınca, mekânına gitmiş, "Hizmet ve eğlence sektörüne giren ilk Türk" başlığıyla haberini yapmıştık. Bu girişimlerin artmasıyla, dönemin Alman İş Adamları Derneği Başkanı Teufel, "Türk iş insanlarının girişimlerini son derece başarılı buluyoruz. Onlar da ataları gibi çok çalışkanlar" diye bir açıklama yapmıştı.

YIKILAN DUVARIN YARATTIĞI DÖNERCİLER KRALI KAPLAN

Doğu Almanların dönere ilgisini ancak o dönemi yaşayanlar, görenler bilir. Doğu Almanları dönerle tanıştıran ilk isimlerden biri Yozgatlı Remzi Kaplan'dı.

* Remzi Kaplan 1989 yılında, 30 kiloluk dönerle girdiği Doğu pazarında giderek işi büyüttü ve günümüzde sadece Avrupa'ya değil, Orta Doğu ve Uzak Doğu'ya kadar yayıldı. Uluslararası çapta bir işadamı olam Remzi Kaplan, günlük 31 ton döner üretim kapasitesiyle "Almanya'nın Türk Döner Kralı" unvanını almıştır.

* Yozgatlı Remzi Kaplan kendisiyle yaptığımız bir röportajda **"Herşey duvarların yıkılmasıyla başlamıştı..."** diyerek sözlerini şöyle sürdürmüştü:

"Bugün bize Almanya'nın döner kralı diye teveccüh gösteriyorlar. Sağ olsunlar… Avrupa'dan Orta Doğu'ya, üretim merkezlerimizden binlerce ton döner satıyoruz. Milyonlarca insan Türk dönerini yiyorsa ve eğer bir krallık teveccühü gösteriliyorsa bunu yıkılan Berlin Duvarı'yla gelen, bir zamanların Doğu Almanya pazarına borçluyuz. İnkâr edemeyiz. Berlin başta olmak üzere Almanya'da bir çok Türk iş insanı açılan bakir Doğu pazarı sayesinde yükselmiştir. Tabi o pazarlarda istihdam yaratmış, bilgi ve tecrübeleriyle de art değerler katmışlardır. Birleşen Yeni Almanya'da hem işverenlerimizin, hem de çalışanlarımızın büyük emeği

geçmiştir. Nasıl ki savaş sonrasının Almanyasını beraber kalkındırdık, aynı şekilde 'Birleşen Yeni Almanya'nın oluşmasında da omuz omuza olduk."

* Doğu pazarının açılmasıyla Berlindekiler başta olmak üzere birçok Türk girişimcisi fırsatları değerlendirerek önce mark, günümüzde ise euro milyoneri olarak işlerini sürdürmekte.

* Döneri ilk kez 1989 sonlarında görüp tatmak isteyen Doğu Almanlar, yarı pişmiş dönere bile razıydılar ama Türk dönerciler, kalite ve sağlıktan ödün vermiyorlardı. Çok geçmeden Doğu Almanya'nın birçok kentine, kasabasına hatta küçük köylerine kadar döner ve Almanların "Türkische pizza" (Türk pizzası) dedikleri lahmacun yayılmıştı. Türk dönercilerin büfeleri, gecekondu gibi (tabii sağlık ve hijyen kuralları içinde) türemişlerdi.

Doğu Almanya topraklarında yaşayanların tattığı ilk fast food, dönerdi ve uzun süre tek fast food olarak kaldı. Daha sonra dünyanın "marka" burgerleri de geldi ama Türk döneri liderliğini hep korudu, korumaya da devam ediyor.

BİRİNCİ KUŞAK VEDA EDERKEN

Duvarın yıkılmasından sonra yıllar geçti, artık Almanya'da kök salan yeni kuşak Türklerin zamanı…

Almanyalı atalarımız, Berlin ve dahi Almanya'daki Türkiyeliler, gastarbeiter (misafir işçi) olarak "gurbette" yaşamaya devam etme konusundaki kararsızlıklarını, çoğu zaman bunalıma varacak şekilde içlerinde hissettiler.

Memleket hasretini, hiçbirimiz onlar kadar yaşamadı.

Fabrikalarda, maden ocaklarında, inşaatlarda, çöp toplama işlerinde yani en ağır işlerde çalıştılar. Alın terine, gözyaşına "Ya Allah, ya sabır"ı ortak edenler, en çok onlar oldular.

"En zor"la mücadelenin öncüleriydi Almanya'daki cesur atalarımız.

Çoğu sabır, umut ve hasretleriyle gömülecek bu insanlarımızın çocukları ise "Almanya Acı Vatan"da filizlenmiş, boy atmaya başlamıştı. Duvar yıkılırken Almanya'da, o çocukların, yani "ikinci kuşağın" dönemi başlıyordu, yavaştan.

Almanya'da yaşlanan ve gurbetin topraklarına gömülen gurbetçi atalarımız arkalarında artık yeni bir "aile" bırakıyorlardı. Her ne kadar son yolculuğu için memlekete uğurlananlar olsa da birçoğu, dillerinden düşürmedikleri "Son durak, memleketteki kara toprak" sözünün aksine, memlekete kavuşamadan, onun özlemiyle ayrıldılar aramızdan.

Lakin!

Lakin çocukları için memleket artık doğdukları, okuyup havasıyla suyuyla büyüdükleri, kültürünü aldıkları Almanya'ydı. Üstelik torunları da ha geldi ha geleceklerdi. Şunu diyorlardı:

Ahir ömürde

Ve de kaderde

Göçmen kuşlar gibi olmak varmış bir de

Altı ay anavatan, altı ay acı vatandı ömrün son deminde

Ve dahi son neşvesinde.

İKİNCİ KUŞAĞIN DOĞUŞU
GURUR GÖZYAŞLARI

Cilveli tarafından olan kadere bakın ki, "Almanyalı" cesur atalarımızın gurbet topraklarında ektikleri tohumlar, Berlin Duvarı'nın yıkıldığı bir dünya dönencesine; hem de müthiş bereketiyle denk gelmişti.

İkinci kuşak Almanyalı Türkler kalıcı, yerleşik Avrupalı Türklerin öncüleriydiler. Berlin Duvarı yıkılmasaydı yine olacağı buydu. Atalarımızın miadı dolmuştu; tecelli...

O yeni nesil; Almanya'nın ataları için ördüğü "misafir işçi" duvarını, o ülkenin eğitim ve öğretiminden geçerek yıkacak, ülkeye babaları anneleri gibi artı değer katarak bir arada, daha iyi ve saygıyla yaşama idealine omuz verecek nesildi.

Köylü ve işçi kökenli anne-babaları, beden güçleriyle, çalışma azimleri ve ahlaklarıyla parlamışlardı ve Almanya'nın dünyanın en güçlü ülkelerinden biri olmasında, onların alın teri vardı.

Çocukları ise değişen dünyaya beyin gücüyle ve ışıltılar içinde koşuyorlardı; seksenli yılları yara yara. Daldaki tomurcuk gibiydiler; çiçeği burnunda avukatlar, hâkimler, mühendisler, gökbilimciler, bilim adamları, meslek okulunu bitiren has ustalar, ustabaşılar, sporcular, sanatçılar, modacılar vs.

Hepsi de Avrupalı Türklerin ilkleriydi.

İkinci kuşak Türkler; mezuniyet törenlerinde, iş yerlerinin açılışlarında ya da kurumsal törenlerinde...

En tepedeki Almanların elinden başarı sertifikalarını, diplomalarını aldıklarında...

Yalnız değillerdi. Biz, Batı Yakası'ndaki gazeteciler, bir döneme tanıklıkta hep yanlarındaydık; kalemimiz ve kalbimizle.

Avrupalı Türklerin heyecanının, mutluluk gözyaşlarının fotoğraflarını çekerken ve/veya haberlerini yazarken bu fakirin gözyaşlarıyla vizörün de daktilonun tuşlarının da ıslandığı çok olmuştur.

O dönemleri dibine kadar yaşayan Batı Yakası'ndaki gazetecinin, "Almanya'daki Türklerin tarihine düşüreceği not" şudur:

Berlin Duvarı'nın 1989'da yıkılması, muasır medeniyet coğrafyasındaki Avrupalı Türklerin, yeniden doğuşunun ve kök salışının miladıdır.

Biri yıkılırken, biri başlamıştır!

Bu yeni dönemin en iyi örneklerinden biri, duvar yıkılırken yolun başında olan ve günümüzde Covid-19 hastalığına karşı geliştirdikleri aşı ile ünlenen Özlem ve Uğur Şahin'dir.

Bilim insanlarından sanatçılara, sporculara ve daha yaldızlı isimlerini buraya sığdıramayacağım yüzlercesine, yaşadıkları ülkeye, ikinci vatanları Almanya'ya kattıkları artı değerler için alkışlarla ve minnetle...

Almanya'daki birinci kuşak cesur atalarımıza da şükran ve rahmetle...

DUVARI DÜNYAYA PAZARLAYAN TÜRK DEHASI

Berlin Duvarı'nın yıkımı sırasında gazete haberlerine giremeyen Türklerin, müthiş hikâyeleri vardı. Komik, trajik, düşündürücü, şaşırtıcı ve genellikle dâhiyaneydi.

Bu da yine bu kitaba kısmet oldu diyelim.

Başlayalım…

Berlin Duvarı'nı dünyaya "hediyelik eşya" olarak pazarlanmasına öncülük edenler Berlin'deki Türkler, yani "yurdum insanı"dır.

Berlin Duvarı'nın yıkılmasının başlangıçta yarattığı heyecan, şampanyalı kucaklaşmalar, yaşlı gözlerle kavuşmalar, dünya zevatının da katıldığı, günlerce süren törenler yavaşlayıp nihayetinde bitince geçici bir sessizlik sarmıştı Berlin'i.

Kent, hasretin getirdiği aşk dolu birleşmeden yorgun düşmüş ve mutlu bir sessizliğe bürünmüştü.

"Utanç Duvarı yıkıldı, yaşasın glasnost, küreselleşme", "Sınırlar kalksın Avrupa bir olsun", "Dünyada hep kalıcı barış olsun" vs. Bütün dünya bangır bangır bunları konuşuyordu, ama duvar, kazulet gibi hâlâ duruyordu, her iki Almanya'nın ortasında. Almanlar birleşmeyle gelen 16 milyonluk insan yükünün maddi, manevi ve sosyal boyutlarının altyapısını hazırlamak ile meşguldü.

Yeni bir Almanya'yı yaratmak hiç de kolay değildi ve yıllar sürecekti. Kimsenin, ne olacak bu Utanç Duvarı'nın geleceği, diye düşündüğü yoktu. En azından öncelikler arasında yer almıyordu. Duvarın haline daha çok vardı, beklesindi.

Türkiye'ye hediye olarak gönderiyor

Tarihe gömülen duvar

1990'da konuşulanlar

YURTTA

DÜNYADA

Ey Germanlar, halletmezsen hallederler, yıkmazsan yıkarlar!

Berlin'de yaşayan Türkler için ne dünyada esen yeni siyasi rüzgârlar, ne değişen Almanya, Avrupa ve dünya, ne de birleşmeyle gelen tantanalar öncelikliydi. Onlar, Doğu Almanlar, işlerimizi elimizden alırlar mı kaygısını taşıyorlardı. Ve belki daha da önemlisi "Bu değişimden nasıl para kazanabiliriz" sorusu vardı kafalarında Çünkü milyonlarca Doğu Alman tüketim açlığıyla Batı Yakası'na akın etmişti.

BERLİN DUVARI TÜRK USULÜ YIKILIRKEN

Duvara ilk kazmanın vurulmasının ardından bir-iki ay geçmişti. Bir vatandaşımızı, kışın soğuğunda, gecenin ayazında, elinde kazmasıyla duvarı parçalarken görmüştüm. "Niye yapıyorsun?" diye sorduğumda şunları söylemişti:

"İnsanları ayırıp, öldürmekten başka halta yaramadı abi... Duvar parçalarını hediyelik diye satıyoruz. İyi para ediyor, turistler kapış götürüyor valla."

O soğuk gecede, terlemiş alnını şöyle bir silip devam etmişti: "Sat beş on taşı, al bir aylık maaşı... Duvar mark, para ediyor abi, yolumuzu buluyoruz. Allah bereket versin. Yıkıldı güya ama çok şey değişmez bizler için. Almanlar adına çok sevindik. İnşallah 'happy and' (mutlu son) olur. Abi müsadenle şu motifli resmi kalıp olarak müşteriye çıkarıcam... Sana selam, çekiç sallamaya devam!"

Başlangıçta güpegündüz, ellerinde çekiçlerle, murçlarla hatıra amacıyla duvardan ufak ufak parça götüren meraklılar vardı. Tabii ki içlerinde Türkler de vardı. Ama tek tük ve kişiseldi. İşin içinde para yoktu.

Bir parçacık duvar masumiyeti vardı anlayacağınız.

Fakat dünyanın dört bir yanından gelen turistlerin, evlerine duvar parçası götürme isteği, ekonominin evrensel kurallarını da hemen devreye soktu:

Arz, talep!

Talebe yetişmek için "taştan paralarını çıkaranlar" gerekiyordu.

Ve bu, Almanya'daki birinci kuşak Türklerin karakteristik özelliğiydi. Dolayısıyla yeni yeni serpilen çocuklarında da (ikinci kuşak) bu özelliğin olması son derece normaldi.

Berlin Duvarı'nda Türkler tarafından yürütülen "hediyelik imalatı" sürecini durup şaşkınlık içinde ve "Ooo mein gott aber warum?" edalı bakışlarla seyreden binlerce insan arasında Alman polisi de vardı.

Tanrı duvar yıkma günahını affetse de, Alman polisi affetmezdi. Bırakın "kanunlar böyle" lafını ,"kurallar böyle" lafı bile yeterlidir Alman polisinde.

Biz "Alamancı" Türk gazeteciler de şaşırıyorduk, "bizimkilerin", gece gece omuzlarındaki torbalarda veya çektikleri pazar arabalarında balyoz, çekiç, keser ve murç taşımasına. Daha sonra, sessiz sedasız ve pek masum tavırlarla artık "duvarsız" denilen Berlin Duvarı'na, seyyar merdiven dayayıp parçaları kalıp kalıp indirmelerindeki ustalıklarına da şaşıracaktık.

BALYOZLU ÇEKİÇLİ DUVAR FARELERİ

Dünyada sembol olmuş "Utanç Duvarı"nı parçala, pazarla, dünyaya sat.

Her yiğidin düşüneceği de yapacağı da iş değil vesselam...

İşte bu ahval ve şerait içindeki yeni Berlin'in, eski ama eskimeyen Türkiyelilerinin "geceleri at çuvala, sat sabaha" taktiği, giderek daha çok "para etmeye" başlamıştı.

Kısa zamanda kokusu çıktı!

Hediyelik duvar taşlarının iyi mark getirdiği Türkler arasında ağızdan ağıza, kulaktan kulağa yayıldı. Derken duvarın dibinde; meyve kasalarından, bezlerden ya da battaniyelerden oluşan tezgâhlarda duvar parçalarını satanlar giderek çoğalmaya başladı. Çok geçmeden devreye "aileler" girdi. Berlin Duvarı'nı söküp parçalamak ve satacak duruma getirmek artık "aileçenek" yapılıyordu.

Küçükten büyüğe aile, duvar boyu sıralanıyor herkes seçtiği bölgelerde, kimin eli tutuyorsa duvardan bir şeyler indirmeye çalışıyordu. Derken "sektörde", en iyi para getiren "az hasarlı" parçaları çıkaran meister (usta) parçalayıcılar çıktı.

"Türkler Çin Seddi'nin intikamını mı alıyor" diye bizimle kafa bulan Alman meslektaşlar da vardı. "Niye kırıyorlar?" diye sorduklarında "Duvarınızı dünyaya pazarlıyoruz" diye cevap veriyorduk. İnanmıyorlardı, "hadi ordan", "yok daha neler", "hass..tir lan" manasında "hauap" diyorlardı. Giderek bozulmaya da başlamışlardı. "Ya işte! Türk-Alman entegrasyonu, ekonomiye katkı vs." dedik ama onu da pek yememişlerdi doğrusu.

Yani çilesini onların çektiği duvardan bizler, deyim yerindeyse yolumuzu buluyorduk. Bir çeşit Alman'a "cefa", Türk'e "yollu sefa" sonucu çıkıyordu. Hayalleri yetmiyordu Almanların. Hem de Avrupa'da ve milenyuma (2000), on yıl kala ve ne alaka!

"Alman niye bozuluyor ki kardeşim, o da yapsın, indirsin, pazarlasın tutan mı var?" diye sorabilirsiniz. Ama inanın beton ve demir karışımı duvarı parçalamak gerçekten zor işti. Hele de usulüne göre duvardaki figürleri bozmadan indirmek. Ne eller nasır tuttu, su topladı ne çekiçler, çiviler kırılıp hurdaya çıktı. Böylesine bir fiziki meşakkat Alman'a göre değildi

Karslı ilticacı Ramo, kaçak tezgâhında, Berlin Duvarı'nın parçalarını satarken yanına yaklaştığımda, kendine has şivesiyle bu durumu bütün yalınlığıyla yansıtmıştı.

"Divarın daşşı torpaği mark olmiştir, altın olmiştir. Ellerim bizim memleketteki inşaat işçisinin elinden beter olmiştir ama mark için değer yani... Anlayacağın gomenes duvar bizleri doyurmiştirr. Valla memlekete para bilem yollamişim kasteci beg. Allaha şükür!"

Tabii bir de, Berlin'in göbeğindeki Alexanderplatz'da Türk usulü, nağmeli, müzikli tarafından pazarlamamız vardı ki, bence Türk insanının enternasyonal çapta yaratıcılığının göstergesidir.

Almanca "Geschenk geschenk Berlin mauer/Eine mark eine stück-Hediyelik duvar taşı -bir parçası bir mark" diye başlayıp finali Türkçe olarak "Haydi haydi bir öpücük" diyerek bitiriyorlardı. Ya da İngilizce: "Yes piliz (aynen, 'i' vurgulu piliz) ... Berlin Wall, Berlin ston, kamon beybi kamonn" "Van maarrkk, maarrkk dizize Jan darrrk, dark" diye devam ediyorlardı. Sondaki "mark" sözcüğünü ördeklerin "vakvak" sesine benzer şekilde vurgulamaları; turistleri, Almanları velhasıl izleyen bilcümlesini güldürüyordu.

Ve daha onlarca Türkçe, Almanca, İngilizce karışımı "Nağmeli pazarcı çığırtkanlığı" Berlin'de yankılanıyordu. Resmi törenler, açılışlar, protokoller sürerken binlerce turistin, sokaktaki sıradan Almanların, alkışları ve gülücükleri; Berlin'de, Türk usulü seyyar satıcılık yapan insanlarımızaydı.

Berlin Duvarı çoğu yerde Doğu ve Batı'yı ayırsa da bazı yerlerinde Doğu ve Batı bitişiyordu. Nitekim Türklerin duvara yakın (onların deyimiyle komşu olduğu) yerlerde Anadolu'dan gelen birinci kuşağın hasletini gösteren, ilginç anlatılar vardır.

Batı Berlin'de duvara yakın evlerde oturan çok sayıda Türk, duvarın ötesinde, kurt köpekleriyle devriye gezen, Kalaşnikoflu askerlere soğuk kış günlerinde, bir bardak çay içip ısınsınlar diye demlik götürmekten son anda vaz geçirilmişti. Anadolu insanının gönlü bolluğunu yansıtan hikâyeler de duvarın yıkılmasıyla son bulmuştu.

Duvardan önce anlatılacak çok şey var elbette, mesela Soğuk Savaş yıllarındaki Türk casusları... Deşifre olanların en ünlüsü Hüseyin Yıldırım'dır. ABD'nin ve NATO'nun askeri sırlarını DDR'ye ve Sovyetler'e satmıştı. ABD de yakalanıp idamla yargılanırken verdiği dokümanlarla cezası hapse çevrilmişti. Cezaevinde 15 yıl yattıktan sonra çıkan Hüseyin Yıldırım'ın yaşam öyküsünü anlatan, ilk Türkçe kitabı (Kod Adı Blitz-Doğan Kitapçılık) yazmak bana nasip olmuştu. Kitap daha sonra Almancaya da çevrilmişti.

DUVARIN ÖLDÜRDÜĞÜ TÜRK ÇOCUKLARI

Özgürlüğe kaçarken ölenlerin anısına dikilen sembolik Utanç Duvarı'nda bayrağımız var

Hürriyet BERLİN

"Çocuğumun katilleri bulunsun"

Çetin Mert ölümsüzleşti

● Berlin yönetimi, özgürlük uğruna can verenler unutulmasın diye, bir "anıt duvar" dikti. Duvarın üzerinde, Doğulu askerlerin insafsızlığı sonucu can veren Çetin Mert'in anısına bir de Hilal işareti var.

● Çetin Mert bundan 15 yıl önce oynarken Spree nehrine düşmüştü. Yüzlerce kişi kurtarmak için hazır beklerken Doğulu askerler silah tehdidi ile kurtarıcıların suya atlamasını engellemişti. Çetin boğularak can vermiş ve sulardan ancak cesedi çıkarılabilmişti.

ANIT DUVAR

UNUTULMAYACAK

Hürriyet

BERLİN

Hardenberg Str. 28, 1000 Berlin 12
Telefon : 881 79 15

Eğlenceli tatil

Duvar, yıkımdan önce ve sonra, tüm dünya gibi Almanya'da yaşayan Türkler için de bir milattır. Duvar henüz ayaktayken, buraya gelmiş ilk Türklerin (atalarımızın) buradaki hayatını ele alan epey kitap, araştırma, belgesel vs. yazılıp çizildi. Ben bunların tekrarına girmeyeceğim.

Duvarın var olduğu yıllarda, duvarın ceberut yüzünü yansıtan çok sayıda trajik olay yaşandı. Bunlardan biri, 1975 yılında, 6 yaşındaki Türk çocuğu Çetin Mert'in, "sınır nehir" olarak da tanımlanan ve Doğu ile Batı'yı ayıran, Spree Nehri'ne düşmesinin ardından yaşananlardır. Olayın geçtiği yerde nehrin tamamı Doğu Almanlara aitti. Doğu Alman askerlerinin Kalaşnikoflarını göstererek nehre yaklaşmaları hâlinde ateş açacaklarını bildirmeleri nedeniyle Batı Yakası'ndaki kurtarma görevlileri ve ailesi olaya müdahale edememişti. Küçük Çetin, göz göre göre ölüme terk edilerek boğulmuştu.

Duvarlar sadece dünyaya değil, vicdanlara da çekilmişti. Bu olay Soğuk Savaş'ın ne denli insanlık dışı olduğunu gösteren yaşanmışlıklardan biridir ve daha sonraki tarihlerde de benzer olaylar yaşanmıştır.

Çetin'den önce bir başka Türk çocuğu, 8 yaşındaki Cengaver Katrancı da benzer şekilde, kazara düştüğü nehirde, Doğu Alman askerlerinin "Sınır ihlali var, ateş açarız" tehdidi sonucu, göz göre göre ölüme terk edilmişti. Tarihler 30 Ekim 1970'i gösteriyordu.

Tarihi kayıtlara göre, Spree Nehri, 2'si Türk, beş çocuğa kahrolası duvar nedeniyle mezar oldu.

Duvarın yıkılmasının ardından birleşen Almanya'nın yeni Berlin yönetimi, özgürlüğe kavuşmak isterken hayatlarını kaybedenlerin unutulmaması için yaptırdığı anıt duvarda, 6 yaşındaki Çetin Mert'in adına da hilal sembolünü kullanarak yer verdi.

1990'lı yıllarda, duvarın ortadan kaldırılmasıyla Berlin'e adeta çıkarma yapan ünlülerin arasında yer alan Bülent Ersoy da Çetin Mert'in yer aldığı anıt duvara giderek çelenk bırakmış ve ben fotoğrafını çekerken, Fatiha okumuştu. Hey gidi günler!

BERLİN İKİ YAKASIYLA PROPAGANDA SAHNESİYDİ

Doğu Berlin'den söz ederken "metruk" sözcüğünü sıkça kullanıyorum. Duvar yıkılmadan önce Batı'dan bakan biri "metruk" sözcüğünü anlamsız bulabilirdi. Sınırdan görünen Doğu Berlin gösterişli yapılarla süslenmiş, modern bir kentti. Ancak bu, Doğu'nun bütünü için geçerli değildi ve Soğuk Savaş'ın bir propaganda faaliyetinden, zenginlik ve güç gösterisinden ibaretti. Doğu Berlin yönetimi, sınıra yakın bölgeleri adeta bir "vitrin" gibi gösterişli ve modern yapılarla doldurmuş, buralardaki tarihi binaları ayağa kaldırmıştı.

Bir başka gösteri de Batı'da sergileniyordu, kapitalizmin uç beyliği Batı Berlin'de gösterişli binalar yükseliyordu. Hızla modern bir görünüme kavuşan kent, Doğu'dan bakan komünist Almanlara yalnızca özgürlük değil kavuşulası "refah" da vadediyordu.

Doğu Berlin'in de duvara yakın bazı binaları mimari açıdan albeniliydi. Özellikle Batı Yakası'ndaki bazı yerlerde (mesela Brandenburg Kapısı yakınında) bulunan gözetleme kulelerinden bakılınca üst düzey Sovyet yetkililerin ve devlet erkânının bulunduğu görkemli tarihi binalar hemen dikkat çekiyordu. Kentleşme alanında süren propaganda savaşının en uç örneği Alexanderplatz'daki televizyon kulesiydi. Komünistler, 1969'da tamamlanan 368 metre yüksekliğindeki Berliner Fernsehturm (Berlin Televizyon Kulesi) ile kapitalizme meydan okuyordu. Sosyalizmin simgesi olan kule bugün bile Berlin'in sembollerinden biri olarak kabul görüyor.

Öte yandan duvarı geçip Doğu Berlin'in içlerine ilerlediğinizde tablo tamamen değişiyordu. Bakımsız, özensiz binalar, bozuk yollar ve altyapı eksiklikleri ile Doğu Almanya'nın başkenti Doğu Berlin, bir taşra kasabasından beterdi.

Bendeniz, duvarın son günlerine yetişip can sıkıcı "işlemlerden" sonra "karşıya" geçenlerdenim. Duvar öncesinde Doğu Berlin'e iki kez girme fırsatı bulmuştum. Sosyalist dünya görüşüne sahiptim ve gördüğüm ilk sosyalist ülke DDR idi. Doğu Berlin'i sokak sokak gezdim, okuduklarımdan sonra, gördüklerimin bende uyandırdığı hayal kırıklığını hâlâ unutamam.

BEŞ MARKTAN 1000 MARKA

Biz yine 13 Ağustos 1961 yılında yapımına başlanan 46 km uzunluğunda ve 3,6 metre yüksekliğindeki Berlin Duvarı'nın, yıkılmasına, balyoz ve çekiçlerle parçalanmasına dönelim. Koskoca, anlı şanlı Berlin Duvarı Türkler tarafından deyim yerindeyse "madara" edilmişti. Duvar yanlarından, tam ortasından, yukarısından aşağısından oylum oylum oyulmuş, duvarda insanların geçeceği büyüklükte oyuklar oluşmuştu. Bu oyuklardan bakıldığında Doğu Berlin'in bir ucu görünüyordu. Duvar duvarlıktan çıkmış nonfigüratif bir ucubeye dönüşmüştü.

Amma velakin, Duvar parçaları iyi para ediyordu "kır, parçala, sat"çı Türkiyeliler, ekmeklerini duvardan çıkarıyorlardı.

Duvar parçalarının fiyatları; büyüklüğüne, az hasarlısına, üstündeki resme, figüre ya da tutturduğuna göre değişiyordu. Beş marktan başlıyor, 1000'li rakamlara kadar gidiyordu. Zamanla turistler pazarlığı öğrenmiş (tabii ki Türkiyeli satıcılardan), fiyatlar iyice pazarlığa kalmıştı.

TÜRKLER SATIYOR, ALMANLAR BAKIYOR AMA OLMUYOR

Çok geçmedi Almanların balayı bitmeye başladı. Baktılar ki hem duvar elden gidiyor hem paralar... "Ooo mein goootth" deyip duvarlarına sahip çıkma kararı aldılar. Sonuçta dünyanın da Almanya'nın da abidelerinden biriydi; üstelik bir benzeri, ikincisi de yoktu.

Duvar elden gitti gidiyordu. Bu gidişle Türkler duvar üstünde duvar bırakmayacak...

E, bir de para kazanıyorlar; ne vergi ne bildirim, marklar cukka cebe. Üstelik kentin en güzel yerlerinde, izin mizin almadan boyunlarında asılı (Türkiye'de olmayan) tablalar ya da el arabaları ile çirkin de bir görüntü yaratıyorlar.

Bu böyle olmazdı, olmayacaktı. Nitekim çok geçmeden işe uyanan Berlin eyalet hükûmeti gidişata el koydu; "Durun bakalım hele!" dedi. İlk önlem olarak delik deşik olan duvar, koruma altına alındı.

Öncelikli olarak duvarın anıtsal nitelik taşıyabilecek kısımları ve dünyaca ünlü sanatçıların eserlerinin bulunduğu kısımları koruma altına alındı. Duvarın dört bir yanına koruma amaçlı yasak şeritleri çekildi. Hatta bazı yerlerde tel örgüler konuldu ve duvarı parçalamanın "verboten" (yasak) olduğu ilan edildi.

Almanya'da "yasak" önemlidir ve lafta kalmaz. Caydırıcıdır, yaptırımları ve cezaları kök söktürür ki, bunu Almanya'da yaşayan herkes iyi bilir.

Çok geçmeden teknik heyeti, sanatçısı, bilirkişisi geldi ve yağmadan arta kalan Berlin Duvarı'nı ölçüp biçtiler; günlerce...

Sonra da bizimkilerin çoluk çocuk, balyoz çekiç vs. ile kan ter içinde, buz gibi havalarda, gece ve gündüz demeden parçaladığı duvarı, modern iş makineleriyle ölçüp biçerek önemine göre büyüklü küçüklü parçalara ayırdılar. Turistlerin görmesi için yerinde bırakılan irili ufaklı duvar parçaları, güvence altına alındı ve özgünlükleri korundu. "Anıtsal" nitelikteki duvar parçaları müzelerde, önemli kamusal alanlarda ya da kamu binalarında sergilenmek üzere orijinal hâliyle sökülüp götürüldü.

Çok geçmeden, "Berlin Duvarı" yazısı ile yapım ve yıkım tarihinin de yer aldığı, şık şeffaf ambalajlar içindeki duvar parçaları, Berlin'in sosyetik alışveriş merkezlerinde, turistik eşya satan mağazalarda peynir ekmek gibi satılmaya başlamıştı.

Türklerin duvar dibinde, meyve kasalarının üzerinde başlattığı "duvar ticareti", Alman disiplini ve modern pazarlama anlayışıyla başka bir biçim almıştı. Rağbet o kadar yoğundu ki özellikle üzerinde renk ve figür bulunan duvar parçaları uzun zaman sadece Berlin'in değil dünyanın da en çok tercih edilen hediyelik eşyası unvanını kaptırmamıştı.

BİZDE ÇARE BİTMEZ, SAHTE DUVAR PARÇALARI DEVREDE

Almanların Berlin Duvarı'nı zapturapt altına almasıyla bu işten ekmek kazanan yabancılar (başta bizimkiler olmak üzere) ekmeklerinden olmuşlardı. Lakin yılmadılar. Bir müddet sonra korumaya alınmış anıt duvarların diplerinde, kasaların üzerinde boy boy duvar parçalarını satmaya başladılar. Bazıları da yukarıda bahsettiğim, Türkiyelilerin icat ettiği, boyna asılan tablalarda, diğer hediyelik eşyaların yanı sıra duvar parçaları da satıyordu. O dönem görüştüğüm taş satıcıları bana, yazmamak şartıyla bir itirafta bulundular. Satılan duvar parçaları "sahte"ydi. İnanamamıştım... Nerden akla gelirdi ki Berlin Duvarı'nın sahte piyasası olacağı. Ama olmuştu, işte.

"Abi günde, nerden baksan en az 100-200 mark gelirimiz vardı. Şak diye bitirdiler. Biz de molozlardan, çöplerden bulduğumuz, atılmış beton parçalarını boyayıp resimleyip Rusça, Almanca yazılar yazıp artık ne denk gelirse benzetip tablaya koyuyor satıyoruz. Yakalanmazsak kazanıyoruz" demişti, duvar faresi bir vatandaşımız.

İstanbul'a Hürriyet'in merkez binasına gittiğimde o dönem gazetenin genel yayın müdürü olan Ertuğrul Özkök'e ve bazı arkadaşlara hem Berlin Duvarı'nın parçalarından, hem de üstündeki dikenli tellerden hediyelik götürmüştüm. O zaman henüz Almanlar olaya el koymadığı için parçaları "duvar farelerinden" almıştım.

"Bana sattıkları harbi duvar parçalarıydı" diyelim k,i bu kadar yazıdan kelamdan sonra, "Yoksa sana da mı sahteyi kakaladılar" (!) düşüncesi hediye ettiklerimizin akıllarına düşmesin.

Almanlar paradan ziyade seyyarların yarattığı kirli görüntüye çeki düzen vermek istiyorlardı.

KAHRAMAN TÜRK SEYYARLAR ZABITAYA KARŞI

Berlin hazırlıksız yakalanmıştı.

Duvar yıkılmadan önce seyyar satıcılar, orada burada gürültü çıkararak dolaşmazdı. Başlangıçta yaşadıkları şaşkınlık döneminin hemen ardından bağırıp çağırarak turistlere yapışan satıcılara dur demenin yasal zeminini arıyorlardı.

Önce, Berlin'in turistik meydanlarında, tarihi yapılarının önlerinde "Mahmutpaşa usulü" satış yapan sahte duvarcılara ve seyyarlara, polislerden uyarılar geldi.

Polisin gelmekte olduğu haberi duyulduğunda, Napolyon'un, Hitler'in bölük bölük ordularının geçtiği, gövde gösterisi yaptığı başkentin en ünlü meydanlarından, Brandenburg Kapısı'ndaki işportacılarımız da boyunda tablalar, elde tezgahlar hurra rüzgâr gibi araziye karışıyordu. Yakalananlar oluyordu ama yasal bir altyapı olmadığı için engellenemiyordu. Yakalanmayan, yakalansa da bıkmayan seyyar satıcı Türkler, atalarının mirasını Berlin'de de sürdürüyorlardı.

Bazen bu düdük öttürmeli, Türkçe Kürtçe Almanca karışımlı bağrışmalar eşliğindeki kovalamacayı turistler şov niyetine izliyor, gülüyor, fotoğraf çekiyorlardı. Ama çok sürmedi zaten. Alman disiplini jet hızıyla devreye girdi ve bu tür satışlar yasal izne ve denetime tabi tutuldu. Sırf seyyarlar için bir dönem, ekipler oluşturuldu. Belediye zabıtası gibi bir şeydi, Berlin'in ortasında düdük çalarak dolaşıyorlardı.

Gözlerimize inanamıyorduk. Ama uygulama sıkı tutulunca kaçak seyyarlar dönemi de sona ermiş oldu.

Çok geçmeden, sadece yasal izni olanlar kentin belli bölgelerinde, belirlenmiş yerlerde satış yapmaya başladılar. Onlar da korsan satıcılara karşı tavır alınca "sahte duvar satma" ve "kahraman Türk işportacı, zabıtaya karşı" dönemi de bitmiş oldu.

DUVAR MAĞDURU ÇAPKIN TÜRK ERKEKLERİ

"Memo, ich bin Helga!"

Duvar varken Batı Berlinli Türk erkeklerinin, ana geyik konusu Doğu Berlin'de (markın da gücüyle) yapılan çapkınlıklardı. Hafta sonları Doğu'da kaçamak yapan Türk erkeklerinin, hafta içindeki en derin mevzusu, bu kaçamakların hikâyesiydi.

Ancak duvar yıkıldıktan sonra bu keyifli kaçamaklar, bazı çapkınlar için trajediye neden olacaktı. Zira duvar yıkıldıktan sonra Doğu Alman kızları, Batı Berlin'deki Türk sevgililerinin kapılarını çalmaya başlamıştı. En zor durumda olanlar, Doğu'daki sevgilisinden çocuğu olan Türk hanımlarıyla evli, çapkın Türk erkekleriydi. Çünkü elinde bir çocukla kapıyı çalan Doğulu hanımlara kapıyı, sadece hızlı beyler değil, resmi nikâhlı eşleri de açabiliyordu.

"Kimdir, nedir, tanımam" itirazları de pek para etmiyordu çünkü kapının önündeki Doğu Alman sevgili, ısrarla tanımadığını söylediği bizim çapkına adıyla, şanıyla hatta kendisine taktığı özel adıyla hitap ederek:

"Memo ich bin Helga Memooo! Deine Rose Helga - Memo ben Helga Memooo! Senin gülün Helga" diyordu.

Tabi duvarın yıkılmasıyla bu tür şeylerin dedikodu boyutuyla birlikte artması, gerçekleri ve yalanları da birbirine karıştırır olmuştu.

İş yerlerini ziyaret eden ama her seferinde 'patron yok' cevabıyla karşılaşan Doğulu sevgililerin, kapının önündeki Mercedeslerin sileceklerine epey sevgi ve küfür dolu not bıraktığı da rivayet edilir.

Sevdiği erkek için Türkçe öğrenen, gizli Müslüman olan, kocasından boşanıp evlenmek umuduyla yıllarca bekleyen kadınlar artık kapıdaydı... Geçmişte, bu beklentilerini engelleyen tek şey yıkılmayan duvardı. Tabii çapkınlar duvarın yıkılmayacağından o kadar emindiler ki, Doğulu sevgililerini:

"Ah bu duvar olmasa seni Batı'da (Batı Berlin) kraliçeler gibi yaşatırım. Ama kahrolası zalım duvar, ahh ahh!" mealindeki hayıflanmalarıyla oyalıyorlardı.

Doğu Almanya'da Batı markı çok değerliydi ve karaborsada çok ilgi görüyordu. Ayrıca Soğuk Savaş yıllarında (1945'li yılların sonlarından 1990 yılına kadar geçen dönem) Batı kapitalizminin tüketim malları sosyalist ülkelerde yaşayanlar için çok cazipti. Bire bin değer katan bir para birimiyle, -Batı'da sıradan olsa bile- Doğu'da lüks muamelesi gören kadın malzemeleriyle Doğu Berlin'de olmak, birçok kapıyı açıyordu.

Aslında herkes hâlinden memnundu...

Türkler, hafta sonları Doğu Berlin'e geçip, sevgilileriyle ucuz ve keyif dolu bir akşam geçiriyorlardı. Doğulu hanımlar da bu beraberlikleri o dönemde şu duygularla açıklıyorlardı:

"Türk erkek arkadaşlarımız bize, hatta ailemize ve yakın çevremize bile cömert ve iyi davranıyorlar. Üstelik de Türk erkekleri bizim erkekler gibi kaba saba değiller. Hem bakımlı, hem temiz ve hem de çok nazikler. Türk erkekleriyle olmaktan memnunuz."

Ne Batı'daki kendini beğenmiş 'yabancı' olduğunu hissettiren Alman hayat kadınları, ne de "Türk" ve "kavgacı" diye içeri almayan diskotekler, ne de kötü Almancaları yüzünden yanlarından çekip giden kadınlar vardı. Batı'nın mark'lı Türk beyleri, Doğu Berlin'in "paşaları" gibiydi. 1970'lerin sonlarından, 1990 yılına kadar sürdü bu "karşılıklı memnuniyet ziyaretleri."

Büyü, duvarın yıkılmasıyla bozuldu ve eskisi gibi olmayan şeyler kervanına "Çapkın centilmen Memo ile Doğulu Helga"nın aşkı da katılıverdi.

Bu vesileyle komünizmin ördüğü duvar sayesinde "hayatlarını yaşayan", duvarın yıkılacağını akıllarına bile getirmeyen sonrasında oflayıp puflayarak "Duvar asıl bizim üstümüze yıkıldı. Yazık oldu. Yandık!" diyen, zevahiri kurtaran, ya da kurtaramayan "duvar mağduru" çapkınların kulaklarını da o trajikomik günlerin hatırasına çınlatalım.

Her ne kadar Doğu-Batı ilişkilerinde, nadir de olsa mutlu sonlar, evlilikler yaşansa da asıl olan hayalleri yıkılmış, kırık kalpli, Batı'daki Doğulu kadınlardı. Duvar varken yaşanan mutluluklar ve duvarsız yaşanan mutsuz sonlar.

' Doğu Berlin'den, Batı'nın özgürlüğe kız kaçıran gözü kara, sevdası karaTürk erkeği' nin mayınlardan, dikenli teller ve Kalaşnikof mermilerinden sıyrılıp, mutlu sonla biten destansı aşk hikayesi!..

Bir gazeteci olarak bunu yaşamış olabileceklerin hikayesini, haberini yazmayı çok istemiştim... "Yıkılan Duvar zamanları"nda çok sorup soruşturdum ama, hala hayalimde yaşattığım o kahramanlarımı bulamadım!..

HAYAT KADINLARINDAN TÜRK ERKEKLERİNE 'KONDOM' ÇAĞRISI

Doğu'nun kapılarının açılmasıyla Batı'ya çok sayıda seks işçisi kadın ve erkek geldi. Bu "yeni, taze ve ucuz" iş gücü; zevk sektöründe büyük bir rekabet yarattı. Hayat kadınlarına ödenen ücretler, yarı fiyatına indi.

Özellikle Almanya' da Batılı hayat kadınlarının zaman zaman "yabancı kökenli" müşterilerine karşı uyguladığı ayrımcılık, Berlin Duvarı'nın yıkılmasıyla, Doğu'dan gelen yeni seks işçisi kadınlar tarafından ortadan kaldırıldı. Artık önemli olan "iyi muamele" ve "iyi para"ydı.

Yıkılan Berlin Duvarı böylece Almanya'daki zevk ve eğlence sektöründe bir zihniyet duvarını da yıkmış, "Müşteri, milliyetine bakılmaksızın velinimettir" anlayışı yerleşmişti.

Berlin Hayat Kadınları Derneği (Hydra)'nin kadın başkanı, yaptığım bir röportajda, Türk erkeklerini çok övmüş ve özellikle çalışan hayat kadınlarına verdikleri bahşişler nedeniyle, sektörün "en cömert erkekleri" unvanını aldıklarını söylemişti.

Hydra'nın başkanına "Türk müşterilerinize, bir mesajınız var mı" diye sorduğumda, "Özellikle Türk müşterilerimiz prezervatif kullanmak istemiyorlar. Malum AIDS çok yaygın. Buna rağmen Türkler, fiyatları bir iki misli arttırıp 'Yeter ki prezervatif olmasın' diye teklifte bulunuyorlar. Ne olur bunu yapmayın! Hem çalışanlarımızın hem siz müşterilerimizin en büyük sermayesi sağlıktır. Sağlıklı ve güvenli seks için kondom kondom kondom!" demişti.

TÜRK ERKEKLERİNDEN ZURNALI CEVAP

Bu röportajın yayımlanmasının ardından gazetenin (Hürriyet Berlin Büro) telesekreterine epey mesaj bırakılmıştı. Hayat kadınlarının adeta yalvarırcasına yaptığı "Kondom kullanın!" çağrısına, Türk erkeklerinin verdiği cevaplar arasında en ilginç olanı;

"Zurna kılıfında ötmez abla" idi.

Daha sonra rahmetli Hasan Pulur, röportajı okuyan, İstanbullu bir okurunun kullandığı bu ifadeyi Milliyet Gazetesi'ndeki köşesine nefis mizahi üslubuyla taşımıştı.

AVRUPA'NIN İLK PORNO OSCARLARI GECESİ

Gazeteciliğin rüzgârı bu, nereye esip, nereye savuracağı belli olmuyor. Arazide gazetecilik yapıyorsanız her an hava değişebiliyor ve yıllar içinde bu "gazeteci iklimi"ne alışıyorsunuz. Bu iklimden uzaklaşırsanız gazetecinin ruhu da yavaş yavaş solar, yok olur.

Hürriyet Berlin Büro'da dönemin Büro Şefi Ali Yumuşak, göz kırpıp takılarak "Duvarların yıkılmasından sonra Avrupa'nın ilk porno oscarları dağıtılıyor. Akşama hazır ol... Sana, tam da senlik iş çıktı." dedi. Gülüşmelerle karışık geceye yönelik detayları konuştuk.

1990'lı yılların başıydı. Son dakika gazeteciliğiydi ve akreditasyon, kılık kıyafet filan düşünmeksizin, çat kapı yapacaktım.

Basın kartı kadar Türk gazeteci olmak da işe yaramıştı. Altın varaklı giriş kapısının önündeki, binbir ışığa rağmen kaslarının görkemi seçilen Afrikalı görevli "Türkin und fantasie und harem und sultaann vaaavv" demişti bembeyaz dişleriyle...

Ne güzel ve çekici kadınlardı…

Pek emin değilim ama belki doğal göğüsler, yüzler, dudaklar, neşter değmemiş vücutlar da vardı. Ancak silikonlar o kadar ön plandaydı ki yani kör gözüne gözüne misali. İnsan kendisini silikonlu güzeller vadisinde sanabilirdi.

Salon muhteşemdi. Gece porno sektörünün gecesiydi ama salonda, şıklaştırılmış bir erotizmin ruhu esiyordu.

Dekorlar, kostümler, ışıklar kaba saba porno çağrışımlarla değil de sofistike bir biçimde karşılıyordu geceye katılanları. Kadın porno yıldızlarının vücutlarına yapışan, jartiyer bitimli, uzun yırtmaçlı, şık giysilerinin veya düğmeleri zor kavuşan, derin göğüs dekolteli giysilerinin sadece erkeklerin değil, hanımların da ilgisini fazlasıyla çektiği, birbirlerini derin derin süzmelerinden belli oluyordu. Kadınların giysileri çok ilgi görmüş olmalı ki gecenin sunucusu, "Davetlimiz olan şık ve meraklı centilmenler, sizleri daha fazla merakta bırakmayalım... Bu gecenin heyecanından olsa gerek kadın starlarımızın birçoğu iç çamaşırlarını evlerinde unutmuşlar" deyince alkışlar ve gülüşmeler salonu kaplamıştı.

Gecenin teması "porno" da olsa erkek kadın tüm davetlilerde "mesleğe saygı" vardı. Bırakın itişmeyi, kakışmayı, en ufak bir tartışma,sululuk, sırnaşma dahi yaşanmadı gecede. Bütün tekliflere gelecek "evet", "hayır" ya da "olabilir" yanıtları, centilmenlik ve nezaket sınırlarıyla çizilmişti. Almanların cinsiyet ötesi bu terbiyelerine hep saygı duymuşumdur.

Tabii genellikle kas ve "boy" ölçülerini ön plana çıkaran siyahi, kısmen de "beyaz" erkekleri de, gerek oyuncu gerek davetli, unutmamak lazım.

Gecede kostümden senaryoya, en iyi yardımcı oyuncudan ışıkçıya kadar ödüller, alkış ve coşku içinde dağıtılmıştı. Ödül kazanan kadın oyuncular, siyahi erkeklerin Roma dönemi kıyafetleriyle omuzlarında taşıdıkları tahtırevanla sahneye getiriliyordu.

Rengârenk kumaşlarla, zeytin dallarıyla bezenmiş tahtırevanın içindeki bayan porno sanatçısı ise yine Roma dönemi giysileri içindeydi. Tahtırevan, dumanların püskürtüldüğü kırmızılı sahneye getiriliyor ve ödüle aday kadınlar, her iki yanında ellerinde yelpaze olan, uzun boylu siyahilerin bulunduğu görkemli bir tahta oturtuluyordu. Bu getirme ve götürme seremonisinde hep klasik Batı müziği ve bazen de opera parçaları çalıyordu.

Tabi Türk bir gazeteci olarak yarışmada olmasa da belki Almanya'da sektörde olan Türkiyeli birileri geceye katılır, diye düşünmüştüm. Mesela Türkiye'nin de yakından tanıdığı, bir zamanlar Türk pornosunun fenomen erkek oyuncusu Şahin K.'yı orada görmeyi çok isterdim. Ama bu sektörde "bile" yoktuk!

Oysa Almanya'da parlayan Şahin K., sonradan, bildiğim kadarıyla Türkiye'de, bilimsel araştırmaya konu olacak kadar ünlü birisi olmuştu. Kendisiyle röportaj yapmış ve bir seferinde Berlin Porno Fuarı'ndaki stantlarına gitmiştim. Şahin'i beklerken partneri olan ve oynadığı Türk yapımı porno filmlerde "Okşan" adıyla bilinen hanımefendi beni bir müddet süzdükten sonra "Niçin gelmiştiniz" diye sormuştu.

Ben de sesime biraz çekingen bir ton vererek, gırgırına:

"Sizinle deneme bir porno filmi çekmek ve şartları konuşmak için beni çağırmıştı" diye cevap vermiştim.

Gülümsemesine ve bakışlarına yayılan küçümser ifadeyle, "Yatakta kalır ölürsünüz ya!.. Bey amcaaa sizinle olmaz bu işler öyle kolay değil amcaaa" demişti yekten ve bakışları "deli midir nedir" kaygısına dönüşmüştü...

Daha sonra Şahin geldiğinde çok gülmüştük. O günün hatırasına Şahin K., porno DVD'lerinden birini imzalamıştı. Her gazeteciye nasip olmaz(!) (Selam olsun buradan.)

PORNO OSCAR'I GECESİNDE ROL TEKLİFİ

Porno yıldızlarıyla gazetecilerin yaptığı sohbetlere hâliyle ben de dâhil olmuştum. Elde kadeh, neşeli, kahkahalı sohbetlerdi. Sarışın bir porno yıldızı "Şimdi ben soracağım: Aralarında gazetecinin de olacağı biraz da kriminal figürlü bir senaryo var elimde. Siz tip olarak uygun olabilirsiniz" deyince ben de "Sadece tip olarak mı" diye hınzırlığına sordum.

"Kabiliyetlerinizi kamera karşısında ortaya çıkarırsınız!.. Önce bi görelim, deneyelim" diye, daha hınzırca bir yanıt verince kahkahalar patladı.

Arkasından "Casting'e bekleriz. Bence bir gazeteci bunu da denemeli" diyerek kartını verirken, önce öptüğü baş parmağını burnuma yapıştırdı. Sonra da "Güzel bir gece diliyorum büyük burun" diyerek şen kahkahalarla uzaklaştı. Gecenin kalanında burnumda kırmızı rujla dolaşmışım meğer.

Bu arada casting'e gitmedim. ABD'yi gösteriyordu adres...

Yakın da olsa fark etmeyecekti zaten. "Aman eksik kalsın gazeteciliğin bu yanı da" deyip meraklısını cevaplayalım.

TÜRK ZENGİNLERİ GELİR YA DA BİZİ ÇAĞIRIRLAR

Bir başka porno yıldızı ise sohbet sonrası Türk gazeteci olduğumu söylediğimde "Türkiye'yi biliyorum. Türk zenginleri veya ünlüleri Amerika'ya gelirler ya da bizi Türkiye'ye davet ederler. Özel uçaklarıyla bile aldıranlar olmuştur. Ege ve Yunan adalarını lüks yatlarla gezdik. Hem de unutulmayacak hatıralarla. Sizin erkekleriniz bizimkilere göre daha cömert, centilmen ve eğlencede daha yaratıcı" demişti.

"Aralarında gazete patronları da var mı?" diye sorduğumda "Meslek sırrına saygı... Yorumsuz" diye imalı bir cevap vermiş, sonra da koluma girerek beni, simsiyah saçları salonun ışıklarıyla parıldayan, kimonolu bir hanımefendiye doğru götürmüştü.

Arkası dönüktü, adıyla çağırınca bize dönmüştü. Bir, "Botticelli" tablosundan çıkmış gibiydi... "Venüs'ün Dönüşü" bu olmalıydı! Masumiyet, kutsallık ve kadınsılık... Herhâlde Japon ya da Uzak Doğu Venüs'ü böyle bir şey olmalıydı. Tanışma sırasında sanırım fazla kaptırmış, sadece gözlerimi gözlerinde değil elimi de elinde unutmuştum herhalde. Zarif bir şekilde diğer eliyle, elimi avucuna alıp hafifçe sallayarak "Çok sevindim" deyince, uyanır gibi oldum. "Çok güzel değil mi" diye sorunca diğer hanımefendi, Türkçe "Evet" dedim ardından da İngilizce, Almanca, Fransızca evetleri sıraladım. Neden Japonca bilmiyordum ki!

"Merak etmeyin gerçek bir kadındır" demişti beni tanıştıran hanımefendi.

Malum, gecede translar da vardı ve ayırt etmek epey zordu. Ben o ayrımı yapacak hâlde değildim ama hem bu uyarıya, hem de birkaç dilden "evet"e gelen gülüşmeler, benim Japon Venüsü'nün gözündeki yolculuğuma ara fren olmuştu.

O siyahi gözlerde, kutsal günahlara giden gece yolculuklarının ışıltıları vardı.

Zengin olamadım, ama bazen gazeteciliğin getirdiği olanaklar sayesinde ultra zenginler sınıfında yaşadım.

Ne gam ve şükür!..

Bu gece de öyleydi; safahat diyebilirsiniz; yozlaşma, kepazelik ya da insanlığın varoluşsal seksüel dürtüleri, zevkleri, fantezileri de diyebilirsiniz.

Batı Yakası'ndaki bir gazeteci olarak bu şıklık, hoşgörü ve anlayıştan oluşan bir fanusla çevrilmiş gecenin; yaşamıma zenginlik, hikâyelerime derinlik ve farkındalık kattığını düşünüyorum.

BİTİYOR:

Bu gazeteci kuluna mesleği boyunca gösterip; göstermekle kalmayıp yaşama şansı ve fırsatı verdiğin tüm dünyevi güzellikler adına sana binlerce teşekkür ediyorum.

Umarım layık olmuşumdur...

Bir gün anılarımı yazar ve o geceyi de kaleme alsam sana en kalbî duygularımla teşekkür edeceğim diye söz vermiştim..

Sözümü okur huzurunda tutuyorum!

Unutmadan; çektirdiğin unutulmayacak öldümlü dirildimli çileler ve acılar adına da teşekkürler.

Vardır bir bildiğin!

Veee şu imtihanlı dediğin dünyada benim gerçek patronum anladım ki hep sen oldun.

BİTTİ:

Mevzuyu bağlayıp o şehvetli geceye gelirsek; zevk gelgitlerinde yaşanan ve "hiç bitmeseydi" denilecek lezzette bir geceydi...

Çıkışta yazan;

"SUPPOSE İT WAS A DREAM -Varsay ki bir rüya idi" cümlesiyle olsun, bitiş!

HİTLER'İ GÖRMÜŞ, NUTKUNU DİNLEMİŞ TÜRK

Osman (Kalın) amca, kendisi ile Berlin'deki, hikâyesi dillere destan, bahçeli gecekondusunda röportaj yaptığım 1994 yılında, 66 yaşındaydı. Malulen emekli ve 6 çocuk babasıydı. Artık aramızda değil; Allah rahmet etsin.

Birinci Dünya Savaşı'nın son iki yılında (1944-1946), iki devlet arasındaki anlaşma çerçevesinde silah ve mühimmat karşılığında Türkiye'den Almanya'ya tahıl, yiyecek vs. getiren bir gemide askermiş.

O savaş yıllarını da kapsayan röportajımdan alıntılar aktaracağım ama daha yakın tarihten; Berlin Duvarı'nın yıkılmasına beş kalayla sonrasından mevzuya girmek istiyorum. Çünkü Osman amca, Berlin Duvarı'na "bitişik", bahçeli gecekondusuyla ünlenip hatırlanır.

SÖYLEŞİ

Konuğumuz 1.Dünya savaşında Almanlara yardım taşıyan Kreuzbergli Osman Kalın

"Kara gün dostluğu yaptığımız günler unutuldu"

1945'lerden, 1991'e Almanya

SÜPER KANAL
069 / 69 861

Uzman Sünnetçi
AKİF ÖZCAN
Ağrısız, Acısız, Modern Sünnet
Ruheplatz Str. 24
1000 Berlin 65
Telefon:
693 59 01
465 26 83

KAZA MI YAPTINIZ?

TÜRKLER İÇİN ALMANCA
HARTNACKSCHULE
75 yılı
ALMANCA ÖĞRETİLİR
198,- DM
98,- DM
Sadece 1000 Berlin 30, Motzstr. 5

Tam Meyvalı Çilekli Pasta 1,75
Karibik Tatlısı 1,95
Frankfurter Pastası 1,75
Peynirli çörek -,95
Bir bütün Kaymaklı Böğürtlen Pastası 9,95
ThobenKuchen GmbH & Co. Betr.-KG
Thoben Qualität

Osman Kalın amca "hayatım roman"gillerden. Berlin ve gecekondu (!) Boşuna şaşırmayın! Oluyormuş demek ki!

Ben de şaşırmıştım ta ki Osman amcanın yaşadığı, bahçeli gecekonduyu görünceye kadar. Zaten "Berlin'deki Türkiye" gecekondusuz olmazdı ya da olmamalıydı, eksik kalırdı!

Berlin Duvarı vardı, bahçeli gecekondu vardı, koskoca duvar yıkıldı da bahçeli gecekondusu yıkılmadı, yıktırmadı... Bilakis Osman amca, bahçesini yıkılan Berlin Duvarı'nın temellerinin üstüne yayarak, genişletmekte beis görmedi. Osman amca Berlin'in cesur, gözü, gönlü tok, Türk simgesiydi ve Türk, Alman herkes severdi.

Osman amcanın bahçesinin bulunduğu arsanın sahibi Doğu Alman devletiydi, tapuda. Lakin duvar çekilirken bir biçimde Batı Berlin'de kalmıştı. 1962'de Berlin'e geldikten bir müddet sonra, duvarın dibinde yer alan, molozların, çöplerin yığıldığı, sıçanların cirit attığı arsayı Osman amca kan ter içinde aylarını, yıllarını vererek adam ediyor. Berlinli yetkililer bir şey demiyorlar... Zaten oralar virane; in cin çift kale misali. Eh bir de "Türkonun biri" gelip adam etmiş, temizlemiş, yeşillendirmiş, canlarına minnet.

Daha sonraki yıllarda Berlin'e gelen ve hemen hepsi Kreuzberg'e yerleştirilen Türkler, 1960'lı yıllardan sonra ortaya, giderek güzelleşen ve "kültürünü yaşayan ve yaşatan", örnek bir "Türk semti" çıkarmışlardı.

Bugün Berlin'deki ünlü Kreuzberg semtinin dünyaca "Küçük İstanbul" olarak anılmasının arkasında destansı yaşanmışlıklar vardır. Günümüzde Avrupa'nın pahalı semtleri arasında yer alan ve çok kültürlülüğü ile de Almanya'nın dünyadaki sosyal vitrin olan Kreuzberg'in, bugünlere gelmesinde Osman Amca gibi birinci kuşak Türklerin alkışlanacak, minnet duyulacak çok büyük katkıları olmuştur.

Osman Kalın, 80'li yaşlarda Hakk'a yürüdü ama ardında anıt gibi duran bahçeli gecekondusunu bıraktı. Berlin'deki gecekondusunda, 1994 yılında yaptığımız röportajlardan alıntılarla, Cihan Savaşı görmüş Osman amcayı anmak isterim.

'SAVAŞTA ALAMAN'A YİYECEK GÖTÜRÜR, SİLAH GETİRİRDİK'

Yozgatlıyım. 1925 yılında doğdum okula mokula hiç gitmedim. Çocukluğum ve delikanlılığımda köyde hep tarlayla, bahçeyle, sürüyle uğraşıp rençberlik yaptım. Beş kardeştik... Yani yedide, ikisi kız. Onları sayma sen.

* 1944'ün son aylarında Karadeniz Ereğli'de askerdim. O zamana kadar köyümden başka hiçbir yeri görmemiştim. Adını bile duymadığım denizle karşılaşınca ne korkmuş, ne şaşırmıştım bir bilsen!

* Okuma yazmayı askerde öğrenmiştim. Denizlili Mehmet Çavuş sayesinde sökmek zor olmadı. Dedi ki "Sizlere 45 gün içinde okuma yazmayı öğreteceğim. Öğrenmezseniz yakarımı hepinizi alimallah!" Gazeteci bey oğlum hem vallahi hem billahi 45 gün sonra anamıza, babamıza mektup yazar hâle geldik.

* Okuryazar olduktan sonra beni üzen şey, bekâr olduğumdan dolayı mektup yazacak bir yârimin, sevdalımın, karımın olmamasıydı. Kâğıt kalemi o zamana kadar görmemiş olan evli arkadaşlarım okuma yazmayı sökünce hepsi başıma şair kesildi.

* Denizlili Mehmet Çavuş bize toplamayla çıkarmayı da öğretti. Çavuşumuzun sayesinde sanki dünyayı keşfetmiştik. Tabi okuryazar olunca bizi hemen onbaşı kursuna seçtiler. Oradan tümene geçtim. Üç yıllık askerliğim 1947'de bitti.

* Askerliğimde dünya, 2. Cihan Harbini yaşıyordu. Biz Türkiye olarak Almanya'nın Hamburg Limanı'na gemiyle un, yağ, şeker, bakliyat, tahıl götürürdük onlar da buna karşılık bize silah ve silah mühimmatı verirlerdi. Bu işi yapmak için bizden 40 asker seçmişlerdi. O askeriye gemimizin adını şimdi unuttum.

'ALMAN HANIMLARI YANAKLARIMIZDAN ÖPERDİ'

Bir hafta on günde Hamburg Limanı'na varırdık. Askeriye gemimiz muazzamdı. Limana bağlandığımızda bizler malları boşaltırdık ve Almanların da hazırlamış olduğu paketleri de gemiye doldururduk. Tabi Alman askerleri de canla başla yardım ederlerdi.

* O zamanlar Almancanın a'sını bilmediğimizden işaretlerle anlaşır; gelirken ve dönerken kucaklaşır, el sıkışırdık. Biz Türkiye'den rakı getirirdik onlar da şarap ikram ederlerdi. Türk olduğumuz için bizi çok tutar, hürmet gösterirlerdi azizim. Onlar şimdiki gibi, bol bol bira da içer ve çok sık sarhoş olurlardı.

* Biz mi? Sarhoş olmak ne demek! Bir yüzbaşımız vardı ki aman Allah! Almanca, İngilizce bilir ve de vallahi Alman gibi takır takır konuşurdu. Yaman bir subaydı. Almanlarla su gibi Almanca konuştuğunda onunla övünür, daha saygı duyardık. Çok sıkı disiplinimiz vardı.

* Çapkınlık da yapamazdık. Acayip bir disiplindi bizimki. Alman hanımlar dostlarıyla, eşleriyle ya da yalnız gelirlerdi ve bizlerle öyle işaretli filan konuşurlardı. Yanaklarımızdan öperlerdi. Efendim o zamanki Alman hanımları şimdiki gibi açık seçik değillerdi, fantezi giymezlerdi. Bizleri çok severlerdi. Ama biz önümüze bakardık "Bizdeki namussa, Alman'ınki de namustur" der kötü gözle bakmazdık.

YERDEN YETME KARA ÇİZMELİ HİTLER MİLLETİ TİTRETİYORDU

Hitleri bir defa gördüm. Kara çizmeler çekmiş, ha bire yere vura vura, arkasında bir yığın askerle geldi denizin kenarına (Hamburg Limanı'nı kastediyor) ve bir nutuk yaptı ki sorma gitsin gazeteci bey! Valla öyle bir nutuktu ki, millet heyecandan coşmuş titriyordu ya!

* Ufak tefek kürsüde zor görünüyordu ama o ses nereden çıkıyordu. Çok gürdü sesi. Sanki her yeri konuşuyordu. Ne söyledi, ne anlattı biz anlamadık ama ortalığı kırıp geçiriyordu, bu yerden yetme boylu, bücür.

* Savaş bitmişti ama biz yardımı devam ettirdik bir müddet daha. Lakin onlar bize savaş bitince eskisi gibi silah milah vermediler. Biz yine de götürüp yiyeceklerini bıraktık. Bir karşılık beklemeden... Neden böyle yaptık bilmiyorum ama herhâlde vurulmuşa bir de biz vurmak istemedik.

* 1946'nın son aylarına kadar Almanlara yardımı sürdürdük. Ama azizim bir kıtlık bir açlık vardı ki sormayın. Allah düşmanıma vermesin.

* 1964 yılında ilk Avusturya'ya geldim. 1969 yılında da Almanya'ya geçtim ve bu gurbetçilik hayatımda tam 16 yıl boyunca da bekâr yaşadım. Hanımı ve çocukları Türkiye'de bıraktım. Eee durum böyle olunca da Alman hanımlarla hep dost hayatı yaşadım. Bana Almancayı öğreten onlardır.

UTANÇ DUVARININ TEMELLERİNDE GÜLLER BİTİYOR, KÖTÜ MÜ?

Belimden ameliyat olduktan sonra malulen emekli oldum. Ama boş durmadım. 1985'te, bu bahçeye yakın bir eve taşınmak zorunda kaldık. Bahçe dediğime bakma çöplüktü, iri iri sıçanlardan korkuyorduk. Geceleri korkudan uyuyamıyorduk inan. Bir girdim içine tertemiz yaptım.

* Duvar zamanı bahçemin bir tarafı duvarla bitiyordu. Duvar yok artık, yıkıldı! Ama şimdi Utanç Duvarı'nın temellerinin üzerinde güller bitiyor kötü mü? Doğulu, batılı polisler bahçeme de üstüne kondurduğum şadırvana da (ahşap gecekonduyu kastediyor) itiraz ettiler, "Hakkın yok" diye. Ama öyle yağma yok! 6 yıldır burası benim. En kötü zamanda kimse uğramadı da şimdi mi istiyorlar... Alamazlar benden artık.

* Duvar'ın yıkılması inşallah hayra vesile olur. Şu beton yığının kuran da yıkan da insanlar. Demek ki bu insanlığın duvarı. Bilmem ki o ayıp duvarlarını da yıkarlar mı? Duvar yıkıldı da inşallah biz Türklere bir zararı dokunmaz, altında kalmayız!

* Biz geldik gidiyoruz gazeteci bey... Lakin benim korkum o ki; yeni yetişen çocuklarımız zaman içinde bize vatanımızı bırakan büyüklerimizi, memleketimizi ve Türkiye Cumhuriyeti'ne sahip çıkmayı unutacaklar. Ama inşallah olmaz! Sizler de, okumuş yazmışlar da, işin peşini bırakmayın çocuklarınıza hep vatanımızı öğretin!

BİTİYOR:

Berlin'i, hele de Kreuzberg'i gezen turistler, mutlaka rahmetli Osman amcanın gecekondusuna uğrar ve soluklanırlarken rehberlerine kulak kesilirler.

Rehberleri, dünyanın dört bir yanından gelmiş bu turistlere; bir arada yaşamanın, Anadolu kokan özverili öyküsünü ve Türklerin mucizelerini anlatırken, Osman amcanın bahçeli gecekondusu da bunun şahidi olur.

Ve her Berlin baharında menekşelerin kokusu, turistlerin alkışlarını da yanına alarak Osman amcanın ruhuyla buluşur, şad eder!

BİTTİ:

Adadıkları hayatlarıyla, Almanya'nın savaş sonrası yıkım yaralarını saran, birinci kuşak Türklerin efsaneleşen çalışma hikâyeleri, hep; "Almanya'nın bugünlere gelmesinde Türkler..." diye başlar.

AHMET ALTAN, YÜREĞİYLE PAYLAŞAN İNSAN

Gazeteci, yazar Ahmet Altan'ın bendeki hakkı ödenmez. Şükran duygularımla başlayarak onu yazmak istiyorum.

Babıâli'deki işsizlik yıllarımdı. Hürriyet'ten ayrılmış, bir yıl süre bir deniz macerasına atılmıştım.

Okyanuslara, görmediğim coğrafyalara gitmek için on bin grostonluk "Kınalı" konteyneri ile Türkiye'den "vira bismillah" demiştim. Batı Afrika'nın güneyine kadar gitmiş dönüşte Fransa'nın kuzeyinde, son limanımın, dönüş limanımın bulunduğu Biskay Körfezi'ne gelmiştik. Artık İstanbul hasreti zirve yapmıştı.

İstanbul'a döndüğümde Ahmet Ağabey ile yollarımız yine Hürriyet'te kesişmişti. Gazetede çalıştığım yıllarda, onu önce bir "Dış Haberler Servisi" çalışanı olarak tanımıştım. Daha sonra o müthiş kalemi ve çarpıcı fikirleriyle "Bir Günün Hikâyesi" köşesindeydi, yazar olarak.

Bir gün Hürriyet'teki odasına uğramıştım. Kahve içerken "Tekrar günlük gazetenin içine girmek istiyorum ama mümkün değil galiba" diye dertlenirken anında; "Benim köşem için sokaklardan ilginç, mini röportajlar toplayabilirsin. Eskisi gibi yine gazeteye dizi yazıları yap, bana da yaz. Deneyelim bir... Ne dersin?" demişti.

Hiç beklemediğim bir anda, bana imkân tanımış, kolay kolay bir yazarın yapmayacağı şeyi yapıp Hürriyet'teki köşesinde bana yer vermiş, onore etmişti. Çok mutlu olmuş, çok sevinmiştim. "Çok teşekkür ederim, ama zor durumda bırakmış olmayayım" demiştim. Cevaben "Senin röportajların, yazı dilin, fotoğrafların gazetede beğeniliyor.

Ben Çetin Bey (Emeç) ile konuşurum, merak etme" diyerek beni bir kez daha onore etmişti.

1986 yılıydı; Hürriyet'te, yeni yeni dizi yazılarım çıkıyordu. Ahmet Ağabey'e ilk minik röportajlarımı getirdiğimde konuyu işleyiş tarzımı, röportajın mesajını, mizahını ya da hüzünlü yanlarını beğendiğini söyledi. Yazının eksik veya fazla olan yanlarını başlangıçta zaman zaman yaptığı düzeltmelerle güzelleştirdi.

"Usta"dan çok şey öğrendim…

Ahmet Altan'ın desteğine layık olmak ve mesleki kefaletine halel gelmemesi için elimden geldiğince çaba gösteriyordum. Daha sonra da benim minik röportajlarıma sıklıkla yer verdi.

Baba (her anlamda) Çetin Altan'la da zaman içinde tanıştık. İlk seferinde, Ahmet Ağabey ile Anadolu Yakası'ndaki evine gitmek için buluştuğumuzda rahmetli Çetin Altan da yanımızdaydı. Ahmet Ağabey ünlü "Çetin Altan uyarısı"nı gülümseyerek "Babam uzun konuşur bilesin" diyerek kulağıma fısıldamıştı bile.

İlk tanışmaydı ve sohbet de tabi ki Çetin Altan tarzıydı; bariton sesiyle nükteler paylaşıyor, isyan ediyor, resmi tarihin yanlılığından ve yanlışlarından söz ediyor, gazetelerin ve araştırmacı gazeteciliğin eksikliğinden şikâyet ediyordu. Daha birçok farklı konuda dolaşan, ders gibi bir (monolog yanı ağır bassa da) sohbetti.

Duvarın yıkılmasının ardından, Ahmet Ağabey, telefonla arayıp Neşe ile (Düzel) Berlin'e geleceğini söylediğinde çok sevinmiştim, içim ısınmıştı. Ben Hürriyet'in Berlin bürosunda onlar ise Star TV'deydiler; o dönem "Kırmızı Koltuk" diye bir programları vardı.

Duvarın yıkılmasının getirdiği yeni rüzgârlar, insanlığı bekleyen gelecek ve Türkiye başta olmak üzere pek çok konuda hâlâ unutamadığım lezzette sohbetlerimiz oldu. En pespaye mekânlara da en şık mekânlara da aynı alçakgönüllülükle, olay yeri mizahı, yaratıcılığı ve neşesiyle hep benim tanıdığım Ahmet Altan olarak girdi ve çıktı. Birçok yerde notlar aldı, gözlemlerini yazdı.

Özlediğim ve ayrı kaldığım Türkiye'nin entelektüel ortamını, Berlin'de, Ahmet Ağabey'in ve sevgili Neşe'nin sohbetleriyle tatmanın keyfini yaşamıştım.

Yıllar sonra İstanbul'da, bir dönem yayın yönetmenliğini yaptığı Taraf gazetesinde görüşmüştük. Kendisine ilk kitabım olan, "Kod adı Blitz"ten bahsetmiştim. "Bitmiş hâli yanındaysa bir bakayım" demişti. "Usta", yıllar sonra yine ustalığını, cömertliğini esirgememişti. Kitabıma güveniyordum ama her şey bir yana sonuçta karşımdaki de Türk ve dünya edebiyatının saygın bir ismiydi. Kitabımın ilk on beş yirmi sayfasını okumuş, bazı sayfalarına tekrar tekrar göz atmıştı.

"Çok beğendim. Pek işlenmiş yazılmış bir konu değil. Soğuk Savaş döneminin deşifre olmuş ilk Türk casusunun biyografisini, yaşadıklarını yazmak, Türk casusluk tarihine önemli bir katkı sunuyor bence. Ben gazetenin (Taraf) yayınevine veririm. Memnuniyetle basarız; ancak, sen Hürriyet'tesin, önce Doğan Kitap'a bir git derim. Bu daha etik olur. Olumsuz bir cevap alırsan hemen bana gel" demişti.

Kitapları dünya dillerine çevrilen, dünya edebiyatında kendinden söz ettiren bir usta edebiyatçının gözünden "Olmuş" yanıtı almanın ne kadar önemli olduğunu, yolun başındakiler iyi bilir. Kitap çalışmasının getirdiği yorgunluk yerini; çıkacak kitabın heyecanına ve sevincine bırakmıştı. Sonuçta kitap Doğan Kitap'ta basılmış, bense Almanya'ya gazeteye dönmüştüm.

CÜZDANDAKİ PARA

2010'lu yılların ortasında Almanya Hürriyet'ten ayrılmıştım Türkiye'deydim. Ahmet Ağabey'i aramış bir kahve içelim demiştim. Sağ olsun o da evine çağırmıştı.

İkimiz de işsizdik bu sefer.

Kapıyı açtığında kucaklaştık. Yıllar geçmişti görüşmeyeli.

Elleriyle kahve yaptı, gönlünün sıcaklığını hissettirdi. İşsizlikten yakındık. Mevcut baskılardan, medya dünyasının kendisine hep mesafeli olduğundan söz etti. Maddi, manevi zorluklardan geçtiğini ama bunu da yadırgamadığını söyledi. Kitabının basılmasıyla biraz nefes alabildiğini ama kendisine yönelik baskının ne kadar süreceğini bilmediğini hatta hapisle bile sonuçlanabileceğini anlatmıştı. Korkmuş, pişman bir Ahmet Altan değil de direnecek, vazgeçmeyecek söylediklerinin arkasında duracak kararlılıkta bir Ahmet Altan vardı.

İş konusunda ise o dönemde, yeni yeni gelişmeye başlayan T24'te çalışan Yasemin Hanım'la (Çongar) görüşmemi ve belki yardımı olabileceğini söylemişti.

BİTİYOR

Bir müddet sonra da iznini istemiştim. Ahmet Ağabey, beni geçirmek için kapıya kadar geldiğinde: "Sen, bize baba yadigârısın... Cüzdanda ne varsa paylaşalım, gerisi Allah kerim... Tamam mı? İtiraz yok!" demiş ve cüzdanını çıkarıp açmıştı.

Yine paylaşmak istiyordu ve asıl paylaşılan bir gönül dostluğuydu. Teşekkür etmiş, samimi ısrarına rağmen kabul etmemiştim.

Ama hassasiyeti, var olanı paylaşmaktaki asaleti ile hep benim bilip tanıdığım Ahmet Altan'dı, varlık günlerinde de yokluk günlerinde de...

BİTTİ

Bir yanı bıçkın, bir yanı anarşist, bir yanı hep sorgulayıcı, bir yanı isyankâr... Hep devrimci ruhla ve hep güzel yazan Ahmet Ağabey, o benim gözümde. Unutmadan, o hep sözü edilen kibrine de hiç şahit olmadım.

Kalbî delikanlılığına, harbi arkadaşlığına teşekkür ettim, sarılarak vedalaştık.

TÜRK DİVASI BÜLENT ERSOY: BERLİN'DE BİR SOSYALİST GENERAL

Bülent Hanım'ın Almanya ile olan ilişkisi diğer sanatçılara göre daha özeldir. 12 Eylül'de yaşadığı o faşist "yasaklı" yıllarda, sık sık geldiği Almanya ve burada edindiği "çevre", Almanya'ya yerleşme girişimleri, Almanyalı bir Türk genciyle nişanlılığı, aşkları, konserleri vs... Bülent Hanım o yıllarda Almanya'da "Bizden birisi" gibiydi. Lakin kendisine kolay kolay ulaşamaz, röportaj koparamazdık.

O dönemler Bülent Hanım Berlin'e geldiğinde sesi, şovu ve kostümleriyle Zeki Müren'i taklit ederek ünlenen ve "Almanya'nın Sanat Güneşi" olarak bilinen şarkıcı rahmetli Hatay Engin'in evinde sıkça kalırdı. O yıllarda Bülent Hanım'ın yakın arkadaşı hatta sırdaşı olan Hatay Engin, asla sır vermezdi...

Yıllar sonra, Bülent Hanım ile artık bitmiş olan arkadaşlıklarını soran yakın çevresine "Şu üç günlük dünyada dostlarımızı, geçmişte de kalsa yaşadığımız tatlı, güzel hatıralarla analım çocuklar" derdi.

SÖYLEŞİ

Konuğumuz Berlin'de moral bulan ünlü ses sanatçımız Bülent Ersoy

"Gorbaçov'u çok beğeniyorum"

Söyleşi: Aydın ULUN

"Arabeske mecburum"

2019/6/12 12:54

Bazen Bülent Hanımla yaşadıklarını anlatırdı tabii…

Mesela, Bülent Hanımın iştahından hep şaşkınlıkla bahsederdi. Hatta şikâyetçiydi bile Hatay:

"Ayol bir insan bu kadar mı yer! Yani helalühoş olsun da buzdolabı tam doldu derken akşama bir şey kalmıyordu. Evin koca buzdolabı da Bülent'in midesi de dolup dolup boşalıyordu ayol. Hayır, sağlığı için yani yoksa bir hakkımız geçmişse bizden yana helalühoş olsun. Lafı olmaz ayol. Kendisine de söylüyordum o zamanlar, 'Yiyip içip yan gelme, hasta olacaksın' diye ama dinleyen kim. Tam bir et oburdu. Allah'ım sağlığına zeval vermesin!"

Almanya'da ünlenen ve birçok Avrupa ülkesinde sahne alıp sesi ve kendine has şovları ile eğlence dünyasına damgasını vuran Hatay Engin'i de bu vesileyle rahmetle anıyoruz.

Bülent Ersoy'la Berlin Duvarı'nın yıkılmasından yaklaşık bir yıl sonra röportaj yapabildik. 1 Kasım 1990 tarihinde röportaj için buluştuğumuzda geçirdiği ağır böbrek ameliyatından sonra dinlenmek ve hem de dünyayı değiştiren yıkılmış Berlin Duvarı'nı yerinde görmek niyetiyle geldiğini söylemişti.

Kendisiyle Berlin'de yıkılan duvarı, eski Doğu Berlin'i, özgürlüğe kaçarken Doğulu askerlerce öldürülen ve aralarında iki de Türk çocuğunun bulunduğu "Utanç Duvarı" olarak da nitelenen anıt duvarı gezmiştik. Bülent Hanım, özellikle küçük çocukların nasıl öldüğünü sormuştu. 6 yaşındaki Çetin Mert'in, Doğu ile Batı'yı ayıran Spree Nehri'ne düştüğünü, Doğulu askerlerin "Ateş açarız" tehdidi nedeniyle göz göre göre boğulmaya terk edildiğini anlatınca gerçekten çok duygulanmış, gözleri dolmuştu.

Hepsinin ruhuna dua okumuş, Çetin Mert'i hilal ve yıldızla simgeleyen sembolik Utanç Duvarı'na çiçeğini bırakmıştı.

DOĞU ALMAN GENERALİ BÜLENT ERSOY

Bu ziyaretten sonra duvarın Doğu tarafında, hediyeliklerin satıldığı bölüme gitmiştik. İşportaya düşen, Doğu Alman generallere ait askeri şapkaları ve apoletli, hâkî renkli paltoları çok ilginç bulduğunu söyleyince ben de "Bülent Hanım, general şapkasıyla paltosunu giyerseniz yapacağımız haber ve çekeceğimiz fotoğrafta, Doğulu generallerden biri gibi olursunuz hem de kendi özel tarihinize bu özel anı ve görüntüyü not düşersiniz. Ayrıca haber de güzelleşir, farklı bir şey yaparız" dedim.

"Bilmem ki nasıl olur yani" diye bir kararsızlık yaşayınca orada hediyelik eşya satan ve hemen hepsi Türkiyeli olan satıcılar da "Lütfen Bülent Hanım çok yakışacak", "Doğu'da Türk Divası olacaksınız", "En büyük general, bizim general!" diye bir ağızdan istekte bulundular.

Bülent Hanım her zamanki edasıyla "Bülent Ablanız size kurban olsun ayol!" dedi ve alkışlar arasında şapkayla, paltoyu giyindi.

Gerçekten Bülent Hanıma yakışmıştı. Glasnost rüzgârı estirmişti Bülent Hanım bir zamanların Doğu Berlin topraklarında.

Onlarca kare fotoğraf çekmiştik. Güzelliğini ve tazeliğini tamamlayan kırmızı rujlu dudakları, omuzlarında dalgalanan simsiyah uzun saçları, pürüzsüz teni, sürmeli gözleri, rimelli kirpikleri olan bir Doğu Alman generali vardı karşımda.

Ama çakı gibi değil de sempatik gülüşlü, işveli bakışlı, şuh bir dişi Alman generali (!) olmuştu Bülent Hanım.

Bunu kendisine söylediğimde gülerek "Efendim keşke bütün generaller benim gibi olsa. İnanın savaşlara hep itiraz ederim. İnsanlık savaşmasın, savaşmamalı. Duvarların yıkılması insanlığa barış getirsin inşallah yüce Allah'ım! Unutmadan generaller de benim gibi, barış dolu, savaştan uzak, yumuşak ruhlu olsunlar inşallah!" demiş, ardından o meşhur gülüşüyle alkışlar almıştı.

Bülent Hanım, daha önce defalarca geldiği Berlin'e, dünyada esen Glasnost rüzgârlarının merkezi olduğu 1990'larda bir kez daha gelmişti.

Ve o, artık bir Glasnost güzeliydi!

Haberim bu başlıkla çıkmıştı 2 Kasım 1990 tarihli Hürriyet'te. Hürriyet Berlin ilavesinde yayınlanan röportajdan alıntılar paylaşalım.

GORBAÇOV'UN, GÖZLERİNE BAKARAK ELİNİ SIKMAYI ÇOK İSTERDİM

Berlin'in benim dünyamda apayrı bir yeri var, haddinden fazla seviyorum. İkinci vatanım! Sizin de hatırlayacağınız gibi yasaklı yıllarımda (12 Eylül darbesi) Berlin benim musiki sığınağım olmuştu. Berlin'i ikinci bir İstanbul gibi hissetmiştim. Müstesna dostlarım var. Berlin, zor günlerimde kaçıp dinleneceğim bir huzur limanı gibi.

* Artık tek böbrekliyim ve insan sahip olduğu bazı şeylerin değerini ancak kaybettiği zaman anlayabiliyor.

* Berlin Duvarı'nın yıkılmasına gelince... Bakın sizinle beraber tarihi bir ana şahitlik yapıyoruz Dünya, malumunuz veçhile barış için çırpınıyor. Başta Sovyetler olmak üzere tüm sosyalist sisteme bağlı olanlar artık barışı, kardeşliği ve daha rahat yaşamla demokrasiyi seçiyorlar. Duvarın yıkılmasıyla sanıyorum hümanizm artık dünya uluslarının vazgeçilmez bir düsturu oluyor. Dünyadaki yumuşamaya bizler de katılmalıyız.

* Gorbaçov'u çok takdir ediyorum... Bence günümüzde dünya liderlerinin en popüleri, son yıllardaki atakları ve akılcı politikasıyla Gorbaçov'dur. Dünya otoriteleri de kendisini yılın lideri olarak seçtiler. ... Bugün dünyada yumuşamanın öncüsü olması hasebiyle -ki ben de yumuşakçıyımdır, yani yumuşama taraftarıyım- kendilerini çok beğeniyorum.

* Güçlü erkekleri çok severim. Hele de bir dünya lideriyse ve insanlık için, barış için adımlar atmışsa.

* Gorbaçov'la tanışmayı, gözlerine bakarak elini sıkıp kutlamayı çok isterdim. Bravo diyorum ve alkışlıyorum!

* Şu Berlin Duvarı'nın önünde sordunuz ve ben de samimiyetle söyleyeyim ki benim ticari şarkılar okumam bir yerde üzücü. Ben bu değilim olmamalıyım! Lakin sanatımı sürdürmem için mecburum. Çünkü bu ekmek parasıdır, paramızdır.

* Tarihe bakarsak, sanatı sanat için yapan birçok büyük ve gerçek sanatçı açlık ve sefalet içinde ölmüştür. Ama kendilerinden de ilkelerinden de ödün vermemişlerdir. İnandıkları yolda yürümüşlerdir! Fakat bizler böyle değiliz. Ödün vermeye mecbur kalıyoruz. Aslında memnun değilim ama mecburum!"

HANIMLIĞA VE DİVALIĞA YOLCULUKTA BİR MAKSİM GAZİNOSU HATIRASI

Taksim'deki Büyük Maksim Gazinosu'nda rahmetli Fahrettin Aslan, Yüksel Uzel'i assolist olarak sahneye çıkaracaktı. İstanbul'un kalburüstü sosyetesi o gece tam tekmil oradaydı ve yıl 1978'di.

Geceyi uçuracak olanın, çiçeği burnunda assolist Yüksel Uzel'den ziyade ön masadaki davetliler arasında yer alacak olan, Fahrettin Bey'in "Çileli Gözdesi" Bülent Ersoy olacağını herkes biliyordu. Bülent Ersoy, Londra'da ameliyat olmuş, pipisini kestirmiş hâliyle ilk kez bu gece ortaya çıkacaktı.

Dönemin Hafta Sonu gazetesi, Bülent Ersoy'un kestirdiği parçayı ait olduğunu iddia ettiği bir fotoğrafı, haberiyle beraber sürmanşetten vermişti. Gazeteci deyimiyle bombayı patlatan Hafta Sonu, Türk basın tarihinde sayılı tiraj rakamlarından olan 1 milyonu, Bülent Hanım'ın kesilen organının yüzü suyu hürmetine yakalamıştı.

Tabi ki o dönem içinde sadece magazin gazetelerinin değil, birkaçını saymazsak bütün gazetelerin yapmak için can attığı bir haberdi bu. Dolayısıyla Türk merkez medyası bu sansasyonel haberi, küçük ya da büyük günlerce Türk kamuoyuna, Bülent Hanım'ın söyleyişiyle "halkımıza", sunmak bir yana adeta işlemişti.

BÜLENT HANIM MAKSİM'DE GÖRÜCÜYE ÇIKIYOR

Repertuarının hayran bıraktıran çeşitliliği, farklı ve güzel sesi, kendisine has yorumu, musiki bilgisiyle ve milyon satan albümleriyle "kalplere taht kurmuş" bir sanatçıydı o.

Amma daha da önemlisi o; hissettiği, içinde yaşattığı cinselliğini, kadın olmak özlemini, dinleyicileriyle hayranlarıyla beis görmeden, cesurca, samimiyetle paylaşmış ve bu özelliğiyle de alkış almış, kabul görmüş biriydi. Sanat güneşimiz Paşa'nın (Zeki Müren) mirasını devralıyordu ve tüm gençliğiyle, tazeliğiyle, sanatıyla Türkiye'nin magazin dünyasına damgasını vurmuştu. Ama bunlar da yetmeyecek, Bülent Ersoy, eşcinsel assolistliğini de aşacak, Türk sahnelerinin ilk tescilli (daha sonra yasaklı), "trans assolist"i olacaktı.

Türk sosyetesinin elitleri ve medyası işte o gece Taksim Maksim'de, Türkiye starlarının doğduğu o adreste, arkasında böyle bir hikâyesiyle ve farklı ışıltılarıyla gelecek olan Bülent Ersoy'un, bir "trans hanımefendi"nin, görücüye çıkmasını yaşayacaklardı.

Diyeceğim o ki; Bülent Ersoy'un, yıllar sonra, sanatında zirve yapmış kadın sanatçılara verilen "diva" sıfatını almaya götüren yolculuğun başlangıcı, 1978 yılındaki (bendenizin de çaylak muhabir olarak bulunduğu) o gecede ve Taksim Maksim'de başlamıştır kanaatimce.

İçinde taşıdığı "kadın ruhu", kadın bedenine kavuşmuştu.

Sıra rengârenk ışıltılar içindeki vitrinde yer almaktaydı. O gecede bakışlar onu görmenin heyecanlı merakı içindeydi

'ERKEKLERE Mİ, KADINLARA MI AYOL'

Bülent Hanım'ın "assolist arasında" gelmesi bekleniyordu. Gazinolarda assolistten önce "uvertür" sanatçılar çıkar; garsonlar koşuşturmalı yemek servisini bu arada yapardı. Assolist öncesi verilen molada, alakart ya da fiks menü yemekler yenmiş, içkisini almış konuklar "güzelleşmiş" olur ve sıra sesiyle geceye ve ruha cila çekecek assoliste gelirdi.

Assolist çıkmadan önce sahne ışıkları, dekor değişir, sazlar perde arkasında hafif bir sound yaparken beyler ve bayanlar tuvaletlere gider, son bakımlarını yapıp kendilerini assolisti dinlemenin keyfine hazırlarlardı.

İşte, Bülent Hanım da hiç unutmam tam beklenildiği gibi "assolist arasında" gelmişti. Üzerinde ayak bileklerine kadar uzanan beyaz Sibirya tilkisi kürk vardı. Tabii biz gazeteciler arasında hemen bir hareketlenme ve patlayan flaşlar. O hiç hızını kesmeden gülümseyen hâlleriyle "İyi akşamlar" deyip, koridordan salona geçerken bizim kendisini izlememize izin verilmedi. Bülent Ersoy ana salona girdiğinde insanların ayağa kalktığına işaret eden bir gürültü ve alkış sesleri duyuldu.

O zamanlar, haftalık olarak yayınlanan "Şey" adlı magazin gazetesinde serbest çalışıyordum. Yolun başındaki bir gazeteci, magazin muhabiri aday adayıydım. Maksim'e sanırım ilk gidişim o gece olmuştu. Beni, dönemin iyi magazin gazetecilerinden Semra Sürendallı Abla'nın (Allah selamet versin yaşıyorsa. Emeği geçmiştir bana, minnet ve şükran duygularıyla) yanına vermişlerdi.

"Çek" diyordu, çekiyordum. "Şu masaya git, sadece şunları çek, hemen gel, diğer masadakileri çek" vs. Foto muhabiri bendenizin işi, eskilerin deyimiyle "isim ve resim"di velhasıl!

AYOL HANGİ TUVALETE GİTSEM ŞAŞTIM

Üzerimde takım elbise, omzumda çanta ve boynumda fotoğraf makinesi ile ana salonun giriş kapısının yanında, ayakta dikilerek Semra Abla'yı beklerken, birden yanımda Bülent Hanım belirmez mi!

Gözlerime inanamıyordum.

O devasa, bol tüylü bembeyaz kürkünün içinde muhteşem aurasıyla yanı başımdaydı ve tek başına kararsız sağa sola bakıyordu. Şaşırmıştım Semra Abla yoktu ve ben ne yapacaktım! Çok sürmedi saniyeler içinde Bülent Hanım'la konuşmaya başlamıştık bile. Bülent Hanım, gazetecilere aşinalığından olacak ki 40 yıllık dost gibi konuşuyordu.

- İyi akşamlar. Adını unuttum ayol, neydi? (Hiç sormamıştı, ilk kez görüşüyorduk üstelik. Nezaket gösteriyordu.)

- Aydın.

- Ay tuvalete gideceğim de... Şu kürkümü tutar mısın reca etsem.

- Tabii…

Sözü daha bitmeden ve ben tutmak için hamle yapmadan kürkünü, içinde objektiflerimin de bulunduğu sol omzumdaki ağır çantamın üzerine hemen, adeta atıverdi. 20'li yaşlarda da olsam dengem, kürkün ağırlığıyla bozulmuştu.

Üzerinde siyah fileli bir bluz vardı. Bluzun fileleri, ufka bakan, silikon göğüslerinin çatalından, göğüs uçlarına ramak kalaya kadar ustalıkla işlenmişti. Devasa kürkle kaplı kolumla seyyar portmantoya dönüşmüş hâlde, Bülent Hanım'ı gayri ihtiyari süzerken (Niye fotoğrafını çekmediysem) devam etti:

- Ayol lavaboya, tuvalete filan gideceğim de (karşımızdaki erkek ve kadın tuvaletlerine bakınıyor, bu arada) acaba hangisine gitsem? Ay sana da yük oldum. Adın neydi? Yani Erkeklere mi kadınlara mı? (Demek ki mesleğin kaderinde, böyle bir tercihte danışmanlık da varmış.) Erkekler tuvaletine gidiyorum.

Erkekler tuvaleti koridorun sonuna doğru, bekleme salonunun girişinde, sağ taraftaydı. Ben de kolumda kürk ve boynumda makineyle arkasından seğirttim.

Bülent Hanım'ın erkekler tuvaletine girip çıkması bir oldu.

- Aman, yiyecek gibi bakıyorlar. Son bir kez gideyim, demiştim. Çok rahatsız oldum. Üstelik sıra da çok... Hiç centilmen değillerdi.

- Bayanları deneyin. (Nasıl, çıktıysa ağzımdan...)

- Tabii canım! Artık zaten ben de bir kadınım, değil mi ama... (Bu sırada çok gürültülü olmayan bir kahkaha attı.)

Bülent Hanım'ı kapının biraz ilerisinde beklerken parfüm kokulu, Sibirya tilkisinden beyaz uzun tüylü, kürk mantosunun markasının (hafızam beni yanıltmıyorsa) İzmirli Kürk Sarayı olduğunu da hatırlıyorum. O dönem Osmanbey'deki bu lüks mağaza, ünlülerin tercih ettiği kürk ve deri giysilerde bir numaraydı. Çok geçmedi, Bülent Hanım yüzünde gülümsemeyle çıkmıştı kadınlar tuvaletinden. Yanıma geldi.

- Hadi salona geçelim. Ay hanımlar gerçekten çok naziktiler, bekletmeden sıralarını bana verdiler. Çok beğendiklerini söylediler, moral verdiler ama bazılarının bakışı neydi öyle... Aman, tüh tüh Allahım korusun nazarlardan.

Salona beraber girdik, sahne önündeki masasına giderken kürkünü kolumdan aldı ve:

- Adın neydi ayol yine unuttum.

- Aydın, Bülent Hanım, Aydın!

- Çok zahmet verdim Aydıncığım! Ama beraber de bir ilk yaşadık ayol. Bunu yazma olur mu, sevinirim. Vallahi çok zahmet verdim müteşekkirim. Başka zaman ara mutlaka görüşelim. Çok mersi canım!

Elimi sıktı ve dudaklarını değdirmeksizin yanaklarımdan öptü. Semra Abla geldiğinde anlattım ve "Yazılmamasını rica etti" dedim. O da kuliste, yeni star adayı, assolist Yüksel Uzel Hanım'la özel röportaj çıkarıyormuş. O kadar konsantreydi ki Bülent Hanım'la yaşananlara pek kulak vermemişti. Semra Abla'nın röportajı bitmişti, assolist Yüksel Uzel Hanım'ın fotoğraflarını çekmek için beraber kulise gittik.

* * *

Bu olaydan yıllar yıllar sonra yıkılmış Berlin Duvarı'nın önünde röportaj yaparken Taksim Maksim'de yaşadığım bu olay aklıma bile gelmemişti. Ne zaman ki bu kitabı yazmaya başladım, yorgun zihnimin tozlu hatıraları arasından çıkıverdi.

Bu arada Semra Abla ile daha sonra kulise gitmiş, assolist Yüksel Hanım'ın, kostüm değişimi sonrasında fotoğraflarını çekmiştim. Yüksel Uzel Hanımefendi, assolistliğin heyecanı nedeniyle sık sık terlediğini ama alkışlarla çok moral bulduğunu söylemişti. Elindeki bezlerle, pamuklarla yardımcısıyla beraber terini silerken, bize de kendisini sahnede nasıl bulduğumuzu sormuştu. Tevazuu ve samimiyetiyle de biz gazetecilerin gönlünü fethetmişti.

Yüksel Uzel Hanımefendi'ye de bu vesileyle, yıllar ötesinden selamlar olsun.

BİTİYOR:

Bülent Ersoy Hanımefendi'ye, gönlümüzdeki tüm zamanların divasına ise -kabul buyurursa- hassaten sevgiyle, saygıyla!

BİTTİ

Batı Yakası'ndaki gazeteci aslında, mesleğine Doğu'dan şerbetliydi. Gazetecilik yaşamında karşılaştığı müthiş kahramanları ile yollarının bir biçimde farklı coğrafyalarda da olsa kesişmesinin paha biçilmez zenginliğini ve mutluluğunu yaşamıştı.

Taksim Maksim'deki Bülent Hanım'la, bir zaman yolculuğunun Berlin durağında buluşmak da işte böyle bir mutluluktu!

Nedendir bilmem ve puslu hafızamın, hangi geçmiş zaman dilimindedir, net hatırlamıyorum ama Bülent Hanım'dan canlı dinlediğim Hafız Post'un, Yürük Semaisi düştü aklıma, yazıyı noktalamaya ramak kalmışken.

"Gelse o şuh meclise naz ü tegafül eylese."

2021'in bir Ocak gecesinde, Batı Yakası'nın Berlin cenahındaki gazeteci; Bülent Hanım'ın o müthiş "rast" yorumunun hatıralarıyla bir kez daha mest olacak ve o sese minnetle bitirecektir yazısını.

BERLİN'DE BİR MİNİK SERÇE: SEZEN AKSU

Berlin Duvarı'nın yıkılmasının hemen ardından, 1990 yılında Minik Serçe'miz Sezen Aksu kendi gurubuyla ilk solo konserini vermek için Berlin'deydi. Yanılmıyorsam, grupta vokalist olarak Sertap Erener ve bas gitarist olarak da Levent Yüksel vardı.

Aralarında bendenizin de gazeteci olarak bulunduğu konsere bine yakın Berlinli Türk izleyicinin yanı sıra sayısı çok olmasa da Almanlar da katılmıştı. Sezen Hanım, 3 saate yakın kaldığı sahnede 25 şarkı okumuş, Berlinli hayranlarıyla karşılıklı hasret gidermişti.

Şarkı aralarında yaptığı espriler, taklitler ve muziplikler salonu kahkahalara boğmuş, konser tam bir Sezen Aksu şölenine dönüşmüştü. İzleyiciler de şarkılara çakmaklarını ve ellerindeki mumları yakarak eşlik edip konsere ayrı bir hava katmıştı.

SÖYLEŞİ

Konuğumuz Berlin'de ilk solo konserini veren Sezen Aksu

"Berlinli izleyiciler beni büyüledi!.."

"Bir coşkuyu paylaştık"

ROMANTİK

GAZETECİ ATLATAN SEZEN, AH AH!

Konser öncesi kulise giderek, kendimi tanıtmış ve gazetem (Hürriyet) adına röportaj yapmak istediğimi söylemiştim. "Tamam, hay hay... Şu anda olmaz ancak konser sonrası buyrun, sizi Sezen Hanım'la görüştürelim" demişlerdi.

Böyle "Hay hay, tamam, hemen!" dendiğinde belli ki baştan savıyorlardır. Bu tecrübeyle birkaç kez daha lisanı münasip ve hafif de "ketenpereye getirmeyin"i, hissettirerek, isteğimi dile getirince, "Merak etmeyin, tamamdır, ayıpsın abi!" demişlerdi.

"Güven, gerisini merak et" makamıydı yine!

Konser bitince kulise gitmiş ve tekrar röportaj isteğimi hatırlatmıştım. "Bekleyin, sizi çağıracağız" demişlerdi. Tabi bekleyenlerin arasında Sezen Hanım'la görüşmek, imza almak isteyen hayranları da vardı. Sıramı bekliyordum görüşmek için. Hemen herkes gitmişti. "Şu hayran telaşını bitirip sakin bir hâlde röportaj yapmak istiyor", hüsnü zannı ile (safo!) bekliyordum.

Süre uzayınca kapıyı çalıp içeri gittiğimde Sezen yok olmuştu.

"Abi yarın Hamburg'taki konserine yetişecek, az önce arka kapıdan çıkıp otobüse bindi. Ama belki yetişirsin, çünkü elemanlar filan kalabalıktı çok olmadı" dedi, oradaki yetkili. Gazetecileri atlatmasıyla meşhur Sezen yine Sezen'liğini yapmıştı. İstanbul'da yıllar önceki atlatmalarından birini daha bana yaşatmıştı.

Valla omuzda teleobjektiflerimin olduğu ağır bir çanta, boyunda makinalar, deli gibi gecenin bir yarısı kulisin arka kapısından caddeye

(Kant Str.) fırladım. Caddede tek araç o otobüstü! Belli ki yeni hareket etmişti çünkü ilk kavşakta kırmızı ışıkta bekliyordu. Nasıl da koşmuştum yetişmek için. Her adımda da Sezen'in kulağını çınlatmıştım. Otobüsün yanına gelince de yeşil yanmaz mı?

Kader de Sezen Hanım'dan yanaydı demek ki ama bu gece o röportaj yapılmalıydı! Otobüs gitmeye başlamıştı ama ben de avuç, yumruk ne varsa kapıya, kaportaya vuruyor, "Açın, açın!" diye de bağırıyordum.

Otobüs zaten hızlanmamıştı yumrukların sesi de içerden duyulmuş olmalı ki iyice hız kesti, sonra da durdu. Kapı açıldı ve telaşlı biraz da ürkek ve mesafeli bakıyorlardı. (Haklı olarak tabii. Sabaha karşı, hareket hâlindeki otobüsü biri yumrukluyorsa ya delidir ya manyaktır. Son ihtimalse yine deli, manyak ama gazeteci!) Bir şekilde kapı açıldı... Tabii fotoğraf makinelerini filan görünce rahatladılar. "Sezen Hanım'la görüşeceğim, bana söz vermiştiniz ama tutmadınız. Görüştürmezseniz bu otobüsle Hamburg'a kadar gelirim, ya da polis çağırırsınız!" dedim. Kan ter içinde, soluk soluğa ilk basamağa da adımımı atmış oldum.

Şoför Almandı ve bayağı ürkmüş, "Polizei, polizei" deyip duruyordu. "Söyleyelim Sezen Hanım'a, bir dakika kardeşim" filan derken, ortalardan Sezen Hanım'ın panik ve kaygı içeren bir tonda "Ne oluyor yahu, kim yumrukluyor otobüsü, söylesenize?" diye bağırdığını duydum.

"Gazeteci! Sezen Hanım, gazeteciymiş, merak etmeyin" denilince de "E, ne bekletiyorsunuz ya alsanıza içeriye çocuğu. Hemen alın, gelsin" dedi.

Sezen'i nihayet yakalamıştım; İstanbul'da acemi gazetecilik yıllarımda (1980'li yılların başı), röportaj için evini aradığımda sesini değiştirerek "Sezen Hanım yoklar ben yardımcısıyım..." ya da "Merak etmeyin iletirim, ben sekreteriyim, aşçısıyım vs. vs." diyerek kafa bulur, illallah dedirtirdi. Şarkılarıyla, şarkı sözleriyle allak bullak ettiklerinden biri olan bana bu yapılır mıydı (!)...

O dönemde, yazı işleri müdürüm, Sezen Aksu röportajı konusunda çok ısrarcıydı. Benim için mesleki bir dönüm noktası bile olabilirdi. Ne sorular hazırlamıştım kafamda... Röportaj gerçekleşmemiş, Sezen sadece, genç bir gazetecinin mesleki hayal kırıklıkları ile nasıl başa çıkacağını öğrenmesine ön ayak olmuştu.

Stajyer muhabirken bembeyaz elbisesi (sonra siyahkolik oldu) ve ipince hâliyle yolun başındaki Sezen Aksu'nun Büyük Maksim Gazinosu'nda çok fotoğrafını çekmiştim. Sezen'in kulisine gittiğimizde "Aç mısınız" diye soran, kuru fasulye ya da köfte ısmarlayan sevgili Zerrin Özer'le sohbetlerine pek gülerdik gazeteci arkadaşlarla. Velhasıl, kötü niyeti olmasa da bir mesleki burukluğum vardı sevgili Sezen Aksu'ya. Şimdi otobüsünde kan ter içinde karşısındaydım.

İçimden iflah olmaz bir şekilde, o filmlerdeki meşhur düello sahnelerinde de kullanılan "nını nını nı..." melodisini söylemek geçiyordu. Bir yandan da saçmalama oğlum diye kendimi bastırıyorum ve düşündükçe gülmemek için de çaba gösteriyordum.

İçim böyleydi de dışım "Bu otobüsten ölüm çıkar" hâllerinde olmalıydı ki, Sezen Hanım üzerindeki ürkekliği, telaşı haklı olarak atamamıştı. Sen misin "Bakıcısıyım, sekreteriyim, evde yoklar efendim, tabi söylerim" diyerek kafa bulan! Yakaladım işte sonunda!

Korkuttuğuma içten içe çok sevinmiştim. "Ohh! Allahın sopası yok, Beni Berlin'de de mi atlatmaya kalkarsın ha!" modundaydım. Bu intikam (!) ancak benle röportajı yaparsa bitecekti. "Sezen Hanım, konser öncesi röportaj isteğimi ilettiğimde 'Merak etmeyin, yaparız, görüşürsünüz, tamam' dediler. Sizi, yarım saatlik bir görüşme için saatlerce bekledim. Şimdi de gidiyorsunuz" dedim.

Sezen Aksu cevap vermek yerine, "Bir su getirin hemen arkadaşlar. Baksana yahu, kan ter içinde. Mendil getirin" dedi. Bana eliyle bir yer gösterdi: "Şöyle bi oturun, soluklanın..." Ardından da, "Otobüsü bir köşeye çekin" diyerek o gergin ortamı sakinleştirmiş oldu.

Masası da olan, cam kenarı koltuklarda, karşılıklı oturmadan önce ayakta, herkesin duyacağı şekilde "Arkadaşlar lütfen bana sormadan gazeteci arkadaşlar hakkında karar vermeyin. Bakın ayıp oluyor. Lütfen!" diye de ortaya konuşunca "gazeteci savarlar"ın işgüzarlığı ortaya çıktı ama tabii onlar da deyim yerindeyse "emir kuluydular."

Bazen bu durumlar danışıklı dövüş de olabilir, sanatçıyla ekibi arasında; iyi polis, kötü polis misali... Ama o gece, o an Sezen Hanım o değildi bence; hissiyatım böyleydi!

"Arkadaşlarım adına da kendi adıma da özür dilerim. Bilirsiniz telaşlar bitmez. Yarın da Hamburg konseri var alelacele gitmek gerekiyor. Kötü niyet yoktur ama yine de sizi bu duruma düşürmemeliydik. Vallahi sizi böyle görünce çok üzüldüm."

O sesteki duygu... Kalbîlik...

İntikam duygularım çoktan tuz buz olmuştu. Hatta "mahcubiyete" doğru yol almaya başlamıştım... Yorgunluk, koşturmaca bizden yana helalühoş olsundu Sezen'imize.

Bilirsiniz o duyguyu. Sezen Hanım'ı dinlerken, hatırlarken, anarken, bir bakarsınız ki o "Sezen'imiz" olur kalbimizde.

Bu duygularımı ve sonuç bölümünde aktaracağım bir hatıramı Sezen Hanım ile paylaşacak hiçbir ortam olmadı, olamazdı da... Ama badem çiçekli bir Berlin baharında yazmak, kısmet oldu.

Batı Yakası'ndaki gazeteci mutlu!

***

Berlin Duvarı yıkılmış, dünya yeni bir "ilk"e adım atarken, Sezen Aksu da, o günkü dünyanın merkezi olan Berlin'de, bir başka "ilk"e imza atıyor ve kendi deyişiyle "Avrupa'daki ilk solo konseri"ni gerçekleştiriyordu. İşte o dönemde (1990) ve gazeteci olarak yukarıda hikâyesini anlattığım Berlin gecesinde, köşe başında bekleyen otobüsün koltukları üzerinde, aşağıda özetleyeceğim röportajı yaptık Sezen Aksu ile.

'YIKILMIŞ DUVARLAR MAKBULÜMDÜR'

İnanıyorum ki bir gün tüm duvarlar yıkılacak. Buna insanların kendi içlerindeki duvarlarının yıkılması da dâhil. Ne zaman olur bilemem ama bu kaçınılmaz! Aksi takdirde insanlar, doğanın dengesine yapay engellerle karşı koymaya çalışmış oluşacaklar ki sonuç sizin de sözünü ettiğiniz Berlin Duvarı gibi olacaktır.

* Berlin'i, duvarlar yıkılmadan önce gezmiştim. Ama şimdi duvar yıkıldı ve ben vaktim olmadığı için şöyle taze taze gezemedim. Yoksa yıkılmış duvarlar benim pek bir makbulümdür. Mutlaka gelip göreceğim de!

* Daha önce çeşitli müzik gruplarıyla gelmiştim Berlin'e. Ama böylesi ilk defa oldu ve ilk solo konserimdi. Açıkçası sahnedeki ilk şarkıyı bitirene kadar bayağı korktum, ödüm koptu! Çünkü tek başımaydım. En önemlisi de seyirciye yabancıydım potansiyelini ve tansiyonunu bilemiyordum.

* Berlinli sevenlerimle, izleyenlerimle çok hoş bir buluşma oldu. Sahnede beraber gibiydik. Ya da onlar koltuklarındaydı ben aralarında. Dehşet güzel bir iletişim kurduk. Aydın Bey, şu anda bu otobüste bunları terim kurumadan konuştukça, daha mutlu oluyorum. İnanın, vallahi Berlinli izleyiciler beni büyüledi.

* Aşağı yukarı sekiz yıldır kabare esprilerini konserlerimde sürdürüyorum ve izleyici de bundan pek hoşnut. Bayat tadı vermedikçe bunu sürdürmeyi deneyeceğim. Şarkıların birinci bölümünde normal repertuar, ikinci bölümünde de anormal bir repertuar yapıyoruz... Biliyorsunuz bunu ilk defa biz uyguladık Türkiye'de!

* Kendimi kabare sanatına veremem. Sahnede bu işi daha fazla sürdürecek zamanım yok. Programa çıktığımda, sahnede en az 20 şarkı söylemek zorundayım. Şarkılara devam, kabareye de minik bir selam diyelim.

* Aslında ben kahverenginin bütün tonları başta olmak üzere gece mavisi ve saks mavisine bayılırım. (Aynı burçtanız ya...) Ama sahne giysilerinde prova yapıyoruz, deniyoruz, yaşıyoruz, bakıyoruz ki en güzel sonucu siyah da almışız. Tuhaf bir büyüsü var siyahın!

* Bir de şu Neslihan Yargıcı var ya biliyorsunuz kendileri az bir şey siyahkoliklerdendir! İşte o Neslihan da bizim kafamızı pek yıkadı "siyah, siyah" diye Aydın Bey! Yoksa benim ille de siyah diye bir ısrarım yok! Bir sahne, bir de Neslihan!

'MERHABA DUVARSIZ DÜNYA'

Hep birlikte insanlık olarak dünyanın içine ettiğimiz gibi, o canım İstanbul'un da içine ettik. İnsanlık olarak önce ozonu deldik, Türkiye insanları olarak da İstanbul'u betona, çimentoya gömdük. Koskoca İstanbul batıyor. Paraya tapanların, kültürü doğayı yok edenlerin kentine dönüşmüş.

* Çok korktuğum bir şeyi daha söylemeliyim: O doğalgaz borularından çok korkuyorum. İstanbul'un her tarafına oylum oylum o kalın boruları döşediler. Şimdi yüzlerce tevatür dolaşıyor ortalıkta. Borular sıcağa dayanamaz mutlaka patlar diyorlar. Düşünsenize evinizde kuzu kuzu otururken, altınızdaki boru patlıyor ve her tarafınız kızgın buharlar içinde kalıyor; aman Tanrım! Vallahi korkudan endişeden öleceğim.

* Onno ile tam gaz aşk mı? Vallahi gazını mazını bilemem ama bizim ilişkimiz çok ama çok özel bir şey! Aşk diye bakmıyorum ben bu beraberliğe! Daha farklı ve sanki daha güzel... İki insanın birçok konuda, bizim kadar sık buluşmasına ender rastlanır sanıyorum! Çok çok özel bir durum bu! Aşk olarak değerlendirmek mümkün değil. Daha değişik. Anlatmak epey zor!

* Patatesli yemeklere bayılırım. Hele ki kızarmış patatese. Berlin'e gidip de bir bonfrit (kızartmış patates) yiyemeden dönmek de çok acı koydu. Artık bir dahakine...

* Kilo almamaya dikkat ediyorum. Var ya Allah inandırsın normal şartlar altında başka birisi benim yediklerimi yese kapılardan geçemez. Nedense yemeğe başlarken beynim duruyor sanki bir türlü dur

demiyor! Çalışınca sorun yok... Ama iki buçuk yıl çalışmadım, evde oturdum ne kilolar aldım ne kilolar... Bir dakika; yani siz şimdi beni şişman mı buldunuz da bu yemekli soruyu sordunuz?

* Bayıldığım pipolarımdan epeyce var. Yani koleksiyon filan yapmak için değil de içmek için. Pipo tüttürmeyi çok seviyorum. Pipo kültürünü yakından takip ediyorum. Ama her şeye rağmen yine de iyi bir pipo tüttürücüsü olamadım.

* Birkaç ay içinde yeni bir kasetimiz var... Öncesi, Belalım'dı bildiğiniz gibi. Hoş bir çalışma olacak. Zülfü'den bir parça var. Onno'nun, Garo'nun ve benim bestelerim var.

* Bu kasette de müzikseverler benim belli bir stilimi, alışılmış tarzımı hissedecekler. Ama her seferde buna yeni bir renk katmaya gayret ediyoruz. Nitekim bu kasette de dinleyicilerimin birtakım farklı renkler bulacağına inanıyorum. Bu arada yakın bir zamanda uluslararası bir plak şirketiyle de prensipte anlaştığımızı söyleyeyim.

* Son olarak mı, hımm… Şarkı söylemek benim yaşamım ve çok seviyorum, mutlu oluyorum. Hiçbir zaman iş olsun diye de şarkı söylemedim. Allah de nasip etmesin. Dolayısıyla şarkı söyleyip de dinleyicilerimle temas kuramadığımı hissedersem çok mutsuz oluyorum. Ama Berlin'de ilk solo konserimde -ki anlatılmaz önemliydi benim için- o iletişimi ve paylaşmayı sonuna kadar yaşadım. Onlarla bütünleştim. Dolayısıyla Berlin'de bir sanatçı olarak yaşanacak en büyük doyumlardan birini yaşadım. Onun için de sonsuz sevgilerimi gönderiyorum Berlin'de yaşayan tüm vatandaşlarımıza ve "Merhaba duvarsız yeni Berlin ve duvarsız yeni dünya" diyorum!

***

Röportaj bittiğinde, Batı Yakası'ndaki gazeteci, geçmişteki bir mesleki hesaplaşmayı (!) nihayet mutlu sona ulaştırmıştır kahramanıyla ve duvarı yıkılmış Berlin zamanlarında. O, yeni dinleyenlerini hem mahvetmek, hem de mest etmek için Berlin'den yeni duygu adreslerine doğru giderken yağmurun çiselediği gecede, fotoğraf makineleriyle yol alan Batı Yakası'ndaki gazeteci de, yüreğindeki Minik Serçe sevgisiyle ısınıyordu.

BİTİYOR:

Bir uzak yol gemicisinin anısı...

Yıl 1985, Liberya'da bir Afrika gecesi...

Monrovia'nın varoşlarındaki son gecesidir gemicinin.

"Her limanda bir sevgili" ve ayrılık denizcinin kaderine yazılan hüzünlü lüksüdür! Gemicinin, sayılı deli dolu aşk ve sevişme günlerinin o son gecesinde o şarkı çalıyor: "Ne olur geri dön."

Tenekeyle kaplı, toprak zeminli, cılız renkli üç beş lambadan daha çok dolunayın aydınlattığı, derme çatmalığını gece mavisinin sakladığı bir mekân. Müdavimlerinin uzak yol gemicileriyle Afrikalı, "en alttakiler"in olduğu bu yerde, Türkçe bilen tek insan gemici de olsa teypteki kaseti dinleyenlerin ve dans edenlerin duyguları "Minik Serçe'nin lisanında değil; duygu vurgunu yaşatan kasetindeki nağmelerindeydi yine.

Otuzlu yaşlardaki denizci, diğer liman aşklarından farklı olarak Liberyalı melez bir genç kızla yaşadığı aşkın sonuna geldiği için bu kez anlatılmaz hüzünler içerisindedir.

Artık veda zamandır!

Denizci, bittiğini uzun Okyanus yolculuklarında öğrendiği, İstanbul'daki aşkının anısını yaşarken sıkça dinlediği, "Ne olur geri dön" kasetini, Afrikalı genç kızın ellerine bırakır... İki sevgili son kez sarılırlar. Ayaklarının ucunda yükselen, gözleri yaşlı Liberyalı kız, gemici sevgilisinin kulağına fısıltıyla "Yaşadıkça, bizi hep hatırlayacağım" der.

Hayatının baharında olan kadife tenli, inci dişli genç kız; gün ışırken demir alacak gemisine yürüyen sevgilisine el sallarken kalbinin üstüne koyduğu diğer avucundaysa "Ne olur geri dön" diyen Sezen Aksu'nun kaseti vardır!

***

DANKESCHÖN SEZEN AKSU! Yaşattığın ve yaşatacağın tüm güzel duygular adına...

BİTTİ:

Ahir ömürde, olur a bir gün Sezen Hanım'ı aradığımda telefonu gerçekten başkası da açmış olsa, hafif intikam tonlamalı sözlerim şöyle olacak:

"Yemezler. Ufak at da minik serçeler yesin."

Son cümlem de bayağı sitemli olacak:

"Hep koşturdun, Berlin'de otobüsünün peşinden, okyanuslarda, gemili kıta sergüzeştlerinde hep beni koşturdun.

Aşk olsun! Birazcık vicdan(sız)!"

Geçmişten, şimdiye ve geleceğe:

UNSER KLEİNER SPATZ, WİR LİEBEN DİCH!

‘BİREYİ ISKALADIK, SOSYALİZMİ AĞIR YARALADIK’

Hans Modrow 1990 yılında tarihe karışan Doğu Almanya’nın son başbakanıydı. Son sosyalist başbakanla 1997 yılında, hüzünlü bir duvar röportajı yapmıştık, sosyalist yönetimin hatalarını açıkça söylemekten kaçınmamıştı. Modrow başarısızlığın ana nedenini şu sözlerle özetlemişti: Ekonomiyi, bireyi ıskaladık, sosyalizmi ağır yaraladık.

Modrow’un röportaj sırasında söylediklerini Berlin Duvarı’yla yıkılan sosyalizm tarihine not düşmek için paylaşmak istedim.

“Yeni yollar bulunmalı”

Doğu Almanya'nın geçiş dönemi başbakanlarından Hans Modrow, DDR'deki sosyalizmin yıkılmasının kaçınılmaz olduğunu belirtirken, bunun Kapitalizmin bir zaferi anlamına gelmeyeceğini söylüyor. Sosyalizmin yaşadığını ve yeni arayışlar içinde olduğunu arkadaşlarımız Aydın Ulun ve Nuran Durgut'a anlatan Modrow dünyadaki tüm komünistlerin, sosyalistlerin ve sosyal demokratların bu anlamdaki arayışlarının tarihsel bir ödev olduğuna dikkat çekiyor.

NATO'nun bir üyesisiniz. İncirlik'ten uçaklar Irak'ı gidip bombalıyor Irak, Türkiye'ye saldırırsa Almanya'nın tutumu sizce ne olmalıdır.?

● Almanya derhal askerlerini ve uçaklarını bir kere Türkiye'den acilen geri çeksin. Daha sonra da tüm Ortadoğu'daki sorunların çözülebileceği bir ortak konferans düzenlenmeli. Ben inanıyorum ki Körfez krizinin savaşa dönüşmemesi için, yani barış sağlamak için diplomatik ve politik yönden var olan olanaklar hiçbir zaman sonuna kadar kullanılmadı. Ayrıca Saddam Hüseyin'in Kuveyt'e saldırmasını ve yaptıklarını kesinlikle tasvip etmediğimi de hemen vurgulamak isterim.

● Bize söyleşimizin bitiminde söylemek istediğiniz birşeyler var mı?

● Buradaki ve Türkiye'deki okurlarınıza en içten sevgi ve saygılarımı yollamak istiyorum. PDS partisi olarak barışı sağlamak için elimizden geleni yapacağımızı bilmelerini de isterim.

'KAPİTALİZMİN ZAFERİ ANLAMINA GELMEZ'

Her şeyden önce bugün de düşünce tarzımla birlikte hâlâ bir sosyalist olduğumu ve hep öyle kalacağımı özellikle belirtmek, vurgulamak istiyorum.

Bir şeyi gözden uzak tutmamak gerekiyor; DDR'nin (Deutsche Demokratische Republik- Almanya Demokratik Cumhuriyeti) yıkılması, sonunun gelmesi genelde ve dünya ölçülerinde kapitalizmin, sosyalizme zaferi anlamına gelmez, gelmemeli! Kapitalizm hâlâ içinde barındırdığı ve insanlığı tehdit eden birçok kötü unsuru atamadı

* Demokratik sosyalistler olarak bizlere, özellikle şimdiki ve gelecekteki zamanda hem etkili olmak hem de genel anlamda büyük işler düşüyor. Görüldüğü gibi dünyanın global sorunları henüz çözülmemiş durumda. Sosyalist düşünceye inanan insanlar, global sorunların çözümlerinde de daha kesin kararlı olmalı.

* Duvarların yıkılma günlerinin öncesi ve yıkılma anları bizler için çok zor günlerdi. İnsanların geleceğe yönelik hayatlarını devam ettirebilmeleri ve ihtiyaçlarının karşılanabilmesi için mevcut ekonominin tutarlı şekilde sürmesi çok önemliydi. Bunun için de gerekli olan ortamın ve şartların korunarak devam ettirilmesi gerekiyordu. Bizlerin, yani eski DDR hükûmetinin düşünce ve reformları da bu temelden kaynaklandı hep.

* En önemli özellik de hükûmetin başında bulunduğumuz sırada şiddete başvurmadan ve kan akıtmadan insanlarımızı bugünkü duruma getirmemiz ve gelebilmemiz. Bu ince dengeyi korumak için oldukça özen göstermiştik.

SOSYALİST ÜLKELERİ NEDEN BUGÜNLERE GELDİ?

Sadece bir zamanlar benim ülkem olan DDR'nin yıkılan ve sona eren rejimi değil, sosyalist Doğu Avrupa ülkelerinin ve halklarının bugünlere gelmesini, sizin istediğiniz şekilde yani üç noktada sınırlayacak olursak, şunları söyleyebilirim:

Birinci sırada yer alması gereken ilk konu bu sistemin detaylarının yeterince demokratik olamadığıdır. Gorbaçov'un, Prestroyka'ya (yeniden yapılanma) bağlı olarak söylediği, "Ne kadar çok demokrasi o kadar çok sosyalizm" sözü, ilkesi tüm sosyalist bloktaki ülkelerde ve özellikle başlangıç yıllarında etkili olamadı. Gereken reformlarla ve demokrasiye de bu yüzden gidilemedi.

İkincisi de mevcut ekonomik sistem canlı, yeterli ve doğurgan değildi. Bürokratik kurum ve planlamalarla yürütülen merkezi ekonomi sonuçta belirgin bir şekilde çağın hızına ayak uyduramadı.

Üçüncü noktaysa; insana yani bireye gereken önem verilmedi. Daha doğrusu sadece, "Her zaman insanın maddi manevi beklentileri ön planda kalmalıdır" diye konuşuldu ve kanaatimce bu hep gerçekleşmeyen bir konuşma olarak kaldı.

İlaveten de özgürlüğü esirgedik, ıskaladık. Özellikle başta gençler olmak üzere insanların seyahat özgürlükleri, dünyayı tanımak ve görmek istekleri, zamanın şartları altında değerlendirilmedi.

Bu söylediğim eksikliklere eğilmemek ya da şöyle veya böyle bir nedenle bunları görmemek, görememek sosyalist sistemin sonunu hazırladı.

* Sorduğunuz, sosyalizm kendi yolunu çizebilecek mi, bu ideolojinin geleceği ne olmalı gibi birçok soru, önümüzde cevaplandırılacak büyük bir ödev olarak duruyor. Alternatif arayışlar sürüyor. Yukarıda değindiğim üç önemli sorun da bugünden yarına halledilecek şeyler değil.

* Öncelikle arkamızda kalan sosyalist geçmişimizi daha derin ve detaylı bir şekilde sorgulamalı analiz etmeliyiz.

* Sosyalizm bir düşünce tarzıdır. Öyle herkesin üstüne giyeceği biçilmiş kaftan değildi. Ama böyle görüldü ve bedenlere bakılmadan modeller aynen giydirildi. Bir ülkeden bir ülkeye sosyalizmi aynen aktaramazsınız, yanlış!

* Sosyalizm henüz daha ölmedi. Bu düşünceyi somuta indirgemek, çağdaşlığa uydurmak dünyadaki tüm sosyalistlerin de görevi olmalı. Dünyanın her yerinde komünistler, demokratik sosyalistler sosyal demokratlar, solcular var. Amacımız uluslararası tartışma ve dayanışma çerçevesinde, yeni koşullar altında sosyalizmi genişletmek ve geliştirmek olmalıdır.

* Bu sorunların çözülmesi yılları alacaktır. Bizler de bu yıllardan geçerek o çözüm yollarını bulmalıyız, bulacağız.

TÜRK VE TÜRKİYE DEYİNCE AKLIMA GELENLER

Türk deyince vatanlarını bırakıp burada yaşamaya, çalışmaya gelmiş insanlar geliyor ilk aklıma. Biz eski Doğu Alman hükûmeti olarak, sizleri burada misafir ve turist olarak görüyorduk ilk zamanlar.

* Almanya'daki yaşantınıza iyisiyle kötüsüyle tanık olduk. Bugün de sizlerle beraber yaşıyoruz artık. Bu beraberliğin de eşitlik ve dostluk içinde olması gerektiğine inanıyoruz.

İkinci olarak aklıma gelense Türkiye'nin Körfez Savaşı'na katılması ve Türk topraklarından yabancı uçakların kalkması...

* Dünyanın birçok ülkesini gidip gördüm ama ne yazık ki ülkenizi sadece bir kere, o da gemiyle Karadeniz'e geçerken gördüm. Boğaz gerçekten çok güzeldi.

* Hiçbir Türk politikacıyla başbakanlığım dönemimde tanışmak fırsatı olmadı. Sadece Ocak 1989'da daha eski Doğu Alman hükûmeti varken, yeni yıl kutlamasında Türk konsolosuyla tokalaştık.

KUTLU VE SARGIN'IN MAHKEMELERİ VE BİZİM RADYO

Türkiye'deki sosyalist hareketi detaylı olarak izleme fırsatı da bulamadım. İzlediğim tek şey Türkiye'deki komünistlere karşı olan mahkemelerdi.

* Bizim burada bu olaylar büyük bir dikkatle izlendi. Çünkü bu tür olaylar Türkiye'deki demokrasinin nerede olduğunu gösteriyordu. Yani demokrasiye karşı olduğu için ve aynı zamanda komünistlere karşı olduğu için de izledim.

* Özellikle Kutlu ve Sargın'a karşı olan davaları kastediyorum. Bizi sistem ve sosyalist bir birey olarak yakından ilgilendiriyordu. Ne yazık ki bu anlamda hem kişilerle hem partileriyle enternasyonal bir dayanışma gösteremedim. O dönem uzun yıllar bir eyalette görevli olarak çalışmam bunu engelledi. Uluslararası bir masada çalışmış olsaydım bu dayanışmayı kişisel olarak dahi esirgemezdim.

* Türk komünistlerinin yayın yaptığı "Bizim Radyo"dan inanın haberim yok. Bilseydim sizi aydınlatmak isterdim.

* İki Almanya'nın birleşmesinden sonra, sosyalist kökenli Doğu Alman kökenli gençler arasında faşist eğilimlerin neden arttığının sorusuna hepimizin cevap vermesi gerekiyor.

* Geçmişte aranması gereken en büyük hatalardan biri; o zamanlar genç insanların bu ve benzeri ideolojik sorunu tartışılmadı, gün ışığına çıkarılıp, kafalardaki sorulara çok sesli cevaplar verilmedi. Şimdiyse bu gençler adeta geçmişten ve o yıllardan intikam almak istercesine ortaya çıktılar. Söylemiştim; bu aynı zamanda Doğu Almanya devletinin en büyük eksiklerinden ve hatalarından biridir.

DOĞU ALMAN İSTİHBARATI STASİ

Bana, Doğu Alman İstihbarat Teşkilatı Stasi'yi soruyorsunuz. Özgürlüğün ve demokrasinin hem kısıtlayıcısı hem de düşmanıdır derim. 1989 sonbaharında, duvarların yıkılmasıyla başlayan hareketlenmeler sırasında gündemime gelmişti. Başbakanken bile çözemediğim; ucunun başının belli olmadığı karanlık bir örgüt. Gelecekte de bu karanlık ve soğuk örgütün gölgesini hep önümüzde göreceğiz.

* Yasalar çerçevesinde ve adil olarak Stasi'ye karşı yürütülecek her türlü araştırmaya soruşturmaya karşı çıkmam. Fakat politikacıları haksız yere suçlayan, lekeleyen, ayrımcı, ispatsız bir anlayışa da sonuna kadar karşıyım.

* PKK'ya gelince... Bu sorunuza kesin bir cevap vermem imkânsız ama bu tür olaylar vardı. DDR'de bu tür şeyler hep gizli tutuldu ve kamuoyuna hiçbir zaman yansıtılmadı. Dediğim gibi böylesi organizasyonlar el altından, şöyle ya da böyle desteklendi ve bu destekler illegal yapısını hep korudu. Sanırım bu tür sorulara sağlıklı cevaplar almak, önümüzdeki tarihin görevi olacaktır.

BİTİYOR

Zamanın Almanya Demokratik Cumhuriyeti'nin (DDR) tarihe karıştığı 1989-1990 yıllarında başbakanlık yapan Hans Modrow, tarihe bu ülkenin son başbakanı olarak geçti.

Kadere bakın ki, ben Türkiye'den Berlin'e yeni gelmiş ve ilk kez duvarı görmüş bir gazeteciydim, Modrow ise son başbakandı ve Berlin Duvar'ını ikimiz de son kez görüyorduk.

1997 yılında yaptığım röportajın yıllar yıllar sonrasında, duvarın yıkılmasının 30. yılında verdiği röportajlardan öğreniyorum ki sıkı sosyalist başbakan Modrow, "Berlin Duvarı'nın, gerekli bir kötülük olduğuna inanarak" asla birleşmeyi istememiş[2]. Modrow "Duvar sorun değil, duvar bir çözümmüş" diyordu. Modrow bu düşüncesinin bir korkudan kaynaklandığını belirtiyor: "İki Almanya'nın birleşmesiyle tüm militarist ve savaşçı çağrışımlarla ortaya çıkabilecek 'Büyük Almanya' hayaleti."

Büyük Almanya'dan kasıt tabii ki Nazi döneminin Almanya'sı!

Eski tüfek Modrow, kendisiyle yaptığım söyleşide beni, en çok özgürlüklere dair söylemiyle etkilemişti:

Şimdi, "Duvar, Nazi Almanya'sına çaredir" demeye getiriyor. Oysa yıkılan Berlin Duvarının tozları arasındaki hasbihâlde demişti ki:

"İnsanların özgürlüklerini veremedik, onlara bunu yaşatamadık. Ve bu sosyalizmin, uygulamadaki en büyük insani eksikliklerinden, hatalarından biridir. İnsanlar özgürse mutludurlar!"

BİTTİ:

İki Dünya Savaşı görmüş, hapislerde yatmış ve kendi deyimiyle "Savaşta Nazi kurşunlarıyla ölmüş arkadaşlarını elleriyle toprağa vermiş" eski tüfek Modrow'a, bir sosyalist olarak verdiğim desteği geri çekiyorum ve "duvarlı ideoloji" ile gelen her türlü sisteme hayır diyorum.

Varsın kıymeti harbiyesi benden menkul olsun.

Varsın bunu bilen bir siz olun.

Dudaklarımızdaki şarkımızın adı da "Venceremos" olsun.

2 France 24'e verdiği röportaj.

BERLİN'DEN UNUTULMAYANLAR

FATİH AKIN:
'BİR 70'LİK, BİR PAKET LUCKY STRIKE, GERİSİ GEYİK'

2004 yılında Berlin Altın Ayı Ödülü'nü, "Duvara Karşı" filmiyle Fatih Akın aldığında, kırmızı halılı festival törenine gidememiştim. Biraz da kafamda, "Nasılsa ajanslar orada, özel bir röportaj yapmak da zor. Üstelik tüm gazetecilerin ortak olacağı, anlık açıklamalardan farklı bir şey çıkmaz" düşüncesi vardı.

vekillerinden ola

Hamburg'un gururu oldu

BERLİN Film Festivalin'de Altın Ayı Ödülü'nü kazanan Fatih Akın onuruna Hamburg Senatosu bir resepsiyon verdi. Belediye Sarayı'nın en görkemli salonu olan Sezer Salonu'nda düzenlenen resepsiyona Fatih Akın, başrol oyuncusu Sibel Kekilli ile geldi. Senatör Birgit Schnieber-Jastram konuşmasında, "Fatih, Hamburg'u dünyaya tanıttı. İki halkı sevindirdi. Hamburg-İstanbul arasında köprü kurdu. Kendisine ve ekibine teşekkür ediyoruz. Almanya ve Türkiye seninle, özellikle Hamburg seninle gurur duyuyor" diye konuştu. Kültür Senatörü Horakova, "Akın, tanrının sinema dünyasına sunduğu armağandır. Kendinden çok şeyler bekliyoruz" dedi. Başkonsolos Yardımcısı Erdoğan Odabaş, Akın'ı başarılı bir uyum çalışmasının meyvesi

Çok tartışılan başrol oyuncusu Sibel Kekilli ile törene gelen Fatih Akın, "Biz küçük bir filmle iki ülkeyi birbirine yaklaştırdık" dedi.

Fatih Akın'ı ve ekibini, ödül sonrasında, "özeli"nde, hatta mümkünse, protokol sonrası ekiple baş başa yapacağı özel kutlamada yakalamak istiyordum. Ödül telaşının bitmesiyle gecenin kahramanlarının duyguları daha bir dem alır ve kendi aralarındaki kutlamada görüşmek, röportaja ayrı bir lezzet, samimiyet katar. Kişisel deneyimlerim bunu gösteriyordu.

Ödül gecesinin öncesinde, başta Türklerin yoğun olarak yaşadığı Kreuzberg semti olmak üzere Berlin'de tanıdık tüm mekânlara gitmiş, genelde iletişim hâlinde olduğumuz garsonlara, barmenlere, müdavimlere "Eğer Fatih Akın, buralara gelirse mutlaka haberim olsun" ricasında bulunmuştum.

Nitekim haber, 'Küçük İstanbul Kreuzberg'ten geldi.

Fatih Akın ve eşi (Monique Akın) "Alibi" adlı kafe barda arkadaşlarıyla yemek yiyip eğleniyordu. Kafe barın arka tarafı onlara aitti. Daha doğrusu geç olduğu için de onlardan başka da kimse kalmamıştı. Hak ettikleri değerli ödülü, aile arasında kutluyorlardı. Fatih Akın ve eşinin bulunduğu masaya gidip Hürriyet'ten geldiğimi ve röportaj yapsa da yapmasa da bir gazeteci ve bir Türk olarak gururla elini sıkıp tebrik etmek istediğimi söyledim. Gerçekten de samimi duygularımdı. Fotoğraf makinelerimi bile çantamdan çıkarmamıştım

Masasından doğrularak elini uzattı ve "Gel arkadaşım gel! Bu gece hepimiz çok mutluyuz sen de ortak ol mutluluğumuza. Hürriyet de hoş geldi mutluluğumuza" deyip elimi sıkarken diğer eliyle de omzuma vurup "Otur şuraya" diyerek karşısındaki sandalyeyi göstermişti.

Yanında oturan esmer hanımefendiyi "Eşim Monique... Her şeyim!" sözleriyle tanıştırdı. "Duvara Karşı da bu her şeye dâhil mi?" diye sorunca, elini eşinin omzuna atıp çekerek göğsüne bastıran ve gözlerine bakan Fatih "Herşeyim o benim!" sözünü tekrarladı. Bu duygusal, samimi ortam işimi kolaylaştırmıştı. "O zaman röportaja buradan başlayalım, ne dersin?" soruma "Nasıl istersen" yanıtını vermişti.

Yarım kalmış sahanda yumurtalar, peynir ve meyve tabakları, çerezler, mezeler ve çeşitli içeceklerin bulunduğu masanın akışını bozmadan başlamıştık röportaja. Fatih'in o dönem çok iyi Türkçesi, benim de iyi Almancam olmadığı için masadakilerin zaman zaman yardımcı olmaları, yaşanmış ortak anıları ve hikâyeleri de ortaya çıkarıyordu. Bu da röportajın disiplinini bozsa da masayı neşelendiriyor ve farklı malzemeler çıkıyordu.

Tabi ki bazıları yazılmamak kaydıylaydı. Yazılmadı da zaten!

Bir yandan röportaj, bir yandan yarenlikle, kahkahalarla, tokuşturulan kadehlerin sesleri, samimi itiraflar, duygular...

Velhasıl o gece yaşanan müthiş bir "ödül sonrası özel"e ortak olmuştum. Bingo!

Unutmadan, kazanılan ödül, sıcak sarı ışıltılı "Altın Ayı" heykelciği de masanın üzerindeydi. Elden ele dolaşması bitmişti. Akşam baskıları dâhil gazeteler, Fatih Akın'ın aldığı Altın Ayı'nın haber ve fotoğraflarıyla doluydu. Gazeteler yan yana birleştirilmiş masalara yayılmıştı. Sibel Kekilli o gecede yoktu. Daha doğrusu, sorduğumda erken gittiği söylenmişti. Ne kadar doğruydu bilmiyorum.

18 PAZARTESİ, 1 Mart 2004 Hürriyet

Bizi yabancı görenlere en güzel cevabı verdik

Altın Ayı'lı Türk kökenli yönetmen Fatih Akın, Berlin'in Türk semti Kreuzberg'de Hürriyet'e konuştu. Akın, "Sanırım hala 'yabancı' olarak görmek isteyen zihniyetlere bu ödülle de bir cevap verdik. Bu zihniyetleri ancak böyle kırabiliriz" dedi.

KEYİFLE OKUDUM

Bizi 'yabancı' olarak görmek isteyen zihniyetleri ancak başarıyla kırabiliriz.

68 KUŞAĞI GİBİYİZ

Aşkımızın yüzüklerini de...

ÇITAM YÜKSELECEK

Bizden sonra gelecek olan kuşakların geleceğini net göremiyorum.

ÖDÜLÜMÜ AŞKIMA BORÇLUYUM

Bir büyük rakı, bir karton da Lucky Strike cigara istedim.

Aydın ULUN

D-BOX II Dijital Dekoder... Ladece € 1,-

Türk Kanalları Kabloda!

Almanya'da sigara bugünden itibaren zamlı

SİGARAYI BIRAKIN

KAMPANYA

"Aşkımızın yüzüklerini de çek lütfen hatta ilk onun fotoğrafını çek. Çünkü aşkımızın sembolü onlar" demişti Fatih Akın, makineyi eşiyle kendisine doğrulttuğumda.

Yarı Meksikalı yarı Alman eşi Monique'ye sarılıp, Altın Ayı'yı da eline aldıktan sonra, yönetmenliğini göstermiş, "Biz hazırız, kamera aktion!" diyerek anın fotoğrafını yakalamaya çalışan bendeniz de dâhil, hepimizi kahkahalara boğmuştu.

Fatih Akın'la o gece yaptığım röportaj 1 Mart 2004'te Hürriyet'in Almanya baskısında yayınlandı.

'KREUZBERG'DE ALTIN AYI'YA BAKMAK BİR BAŞKA'

Berlin'deki Türklerin simge semti Kreuzberg'de (Küçük İstanbul!) şimdi Altın Ayı'ya bakmak harika ve ödül salonlarından çok daha farklı duygulara götürüyor. Bir başka duygudur daha anlamlıdır yani! İki buçuk yılımı aldı bu film... Ödül beni çok motive etti.

* Ödül başka heyecanlara sürüklüyor. Ama hayat da devam ediyor ve yeni projeler beklemekte. Sinema beni hep içine çekti. Birbirimizi bırakamayız. Bu ödülle filmimin değeri de arttı ve ben çıtamı daha da yükselteceğime inanıyorum.

* Biliyorum Türkiye de beni konuşuyor... Bu sevgi ve kutlama seli beni ayrı mutlu etti. Dayım aradı az önce, İstanbul'dan aradı, buraya geliyor... Bir büyük rakı, bir de Lucky Strike istedim. Gerisi bazen geyik! (Gülüşüyoruz) "Ne getireyim, ne istiyorsun?" diye soran insanımızın bize has sıcaklığı işte.

'MONİQUE OLMASAYDI BUGÜNLERİ GÖREMEZDİM'

Eşim Monique hep yanımda olmuştur. Sekiz yıldır evliyiz. Ona çok ama çok şey borçluyum. Bugüne gelmemde en büyük pay, eşim Monique'nindir. Bunu abartmıyorum. Eğer o olmasaydı bu ödülü de bugünleri de göremezdim. Hayat tecrübelerime ve bugünlere gelmek için çıktığım yollara dönüp baktığımda hep bu sonuca varıyorum.

MİLYONLARCA ALMAN SEVİNCİMİ PAYLAŞIYOR

Alman gazeteleri dâhil hakkımda yazılanların büyük bölümünü okudum. Hem de keyifle! Çok övücü ve güzel şeyler yazmışlar. Bu ödülün getirdiği sevinç ve başarı duygularını paylaşan on milyonlarca Alman olduğuna inanıyorum. Bununla da ayrıca mutlu oluyorum.

* Bizi hâlâ "yabancı" olarak görmek isteyen zihniyetlere bu ödülle de bir cevap verdik. Bu zihniyetleri ancak böyle kırabiliriz.

* Almanya'da, aralarında benim gibi birçok sanatçının bulunduğu, 30-40 yaş arasındaki ikinci kuşak gerçekten de çok yaratıcı oldu! Feridun Zaimoğlu, Semra Özdamar şu an itibarıyla aklıma ilk gelen isimler. Ama açık söyleyeyim ki bizden sonraki kuşakların geleceğini net görmüyorum. Ben de bunu arıyorum bazen ve yaşadığımız aşkları, çelişkileri bize özgü değerlerle sinemaya yansıtıyorum.

BİR HATIRLATMA: 'Susuz Yaz' filminden 18 yıl sonra Fatih Akın, sinema dünyasının prestijli ödüllerinden olan Altın Ayı'yı, Duvara Karşı filmiyle Berlin'de ikinci kez alan Türk kökenli yönetmen olmuş ve filmi dünyada kabul görmüştü.

***

O geceyi, o gecenin ruhunu ve yaşanan çok özel anları, Fatih Akın ve perde arkasındaki kahramanı, sevgili eşi Monique ve de film ekibiyle beraber bir Türk gazeteci olarak yaşamak... Müthiş bir duyguydu yaşadıkları gurura ve mutluluğa dâhil olmak...

Öncelikle Monique'ye ve ardından Fatih Akın'a bir kez daha teşekkürler.

Fatih Akın'la, bir daha yollarımız kesişmedi.

Ödülü kutlama gecesinde "Harika olmuş! Mmm! Yer misin, ısmarlayalım mı?" dediği, bir sahanda yumurta vardı; karıştırılmamış, göz pişirilmişti. Ben teşekkür edip "Alacağım olsun" demiştim. Fatih de "Tamam anlaştık, sorun yok" diye cevap vermişti.

BİTİYOR:

Olur a! İnsan insana kavuşur misali yollarımız kesişirse kendimi ve o geceyi hatırlatıp -ihtimal unutmuştur, 2004 nire 2021 nire- "Sahanda yumurtamı ısmarla arkadaş!" diyeceğim... Hatta uyarına gelirse bir de "taze bir röportaj" isteyeceğim. Hiç de yüzsüzlük olmayacak.

BİTTİ:

Alması ondan, imzalaması benden… Sahanda yumurtayı yerken bir yandan da bu kitabımdaki röportajı konuşur, o günleri yâd eder, zamanın tozunu alırız, iki dünya göçeri olarak...

Tabi ki o gece gönlümüzü fetheden sevgili Monique Akın'ı da sevgiyle anarak.

YAĞMURUN İŞLEMEDİĞİ İBO SEVGİSİ

İbrahim Tatlıses'in 2001 yılında, Berlin'de verdiği açık hava konseri, duygusal açıdan sanatçıyla sevenlerinin engel tanımayan bir buluşmasıydı.

İmparator o müthiş ses ve yorumuyla zaman zaman esen sert rüzgârın ve sağanağa çeviren yağmurun altında hem konserini vermiş hem de dönemin SPD'li (Sosyal Demokrat Parti) başbakanı Gerhard Schröder için "Acılı İbo lahmacunuyla yakacağım onu" demişti.

Şördir'i lahmacun ile yakacağım

Berlin'de Tatlıses rüzgarı

Berlin'de önceki akşam konser veren İbrahim Tatlıses, Almanya'nın başkentinde Urfa lahmacunu yapacağını söyledi. Tatlıses, "Başbakan Şördir'i (Schröder demek istiyor) benim Urfa lahmacunuyla yakacağım" diye konuştu.

Bu resmi Picasso çizemez

Tatlıses şiddetli yağmur altında kendini dinlemeye gelen üç bin hayranını şemsiyelerin altında görünce, "Bu resmi Picasso çizemez. Çünkü bu resmin adı sevgi ve mutluluk" diyerek ağladı.

"Mağara adamı" dediler

Yağmur altında üç saat sahnede kalan ve üç bine yakın kişiyi coşturan Tatlıses, sözleriyle de ilgi çekti. Tatlıses, "Bana mağara adamı diye manşet attılar. İyi ki mağaradan çektim de sizlerin adamı oldum. Bir de mektep okusaydım, neler olurdu Allah bilir" dedi.

Lahmacunu getiriyorum

Tatlıses, kendisine ikram edilen lahmacunu beğenmediğini söyleyerek, "Şimdi bana lahmacun verdiniz. Olmamış. Tatlıses lahmacununu Almanya'nın başkentine getiriyorum. Almanlar'ın, nedir o Şördir'i (Başbakan Schröder'i kastediyor) Urfa lahmacunuyla yanacak" diye konuştu.

Sanatçı insanları bölmez

Bir sanatçının görevinin insanları kaynaştırmak olduğunu söyleyen Tatlıses, "Bu memleket bizimdir, he-

erkel: Göçü seçimde malzeme yaparız

GECİKMELİ KONSER

Yaklaşık 3 bin kişinin izlediği konser yaklaşık bir saatlik gecikmeyle başlamıştı. Berlin'de yaz mevsimi olmasına rağmen zaman zaman şiddetli bir sağanak yağmuru yağıyordu. Binlerce izleyici o yağmurlu havada sabırla bekliyordu, şemsiyesi olmayanlar bulabildikleri kuytulara sığınmışlardı. Islananlara biz gazeteciler de dâhildik.

Hani gecikme olur da yuhalamalar başlar, ıslıklar filan çalınır ya... Hayır, hiçbiri olmadı. Bir kişi bile protesto etmemişti İmparator'u. Bu detayı, Berlinli izleyicilerin, İbrahim Tatlıses sevgisine vurgu yapmak için özellikle yazmak istedim. Ama Allah için İmparator da bu sevgiyi karşılıksız bırakmamış, sahnede coşmuş, coşturmuştu ve bu kez de hayranlarının (bendeniz dahil) alkışları yağmur olmuş İmparator'a yağmıştı.. Yağmur bir sevgi seline dönüşmüştü!

Sahnede yaptığı konuşmaları aktaracağım ama İmparator'un bence asla şov olmayan, yüreğinden geldiğine inandığım bazı davranışları ve sözleri de o Berlin konserine damga vurmuştu. Örneğin yağmur başladığında sahneye, sazların üstüne indirilen tentenin altına girmemiş, "Siz ıslanıyorsanız İbo da ıslanır. Beni sizler var ettiniz. Bu can size kurbandır!" diyerek bazı türkülerini yağmurun altında okumuştu.

Sahneye getirilen şemsiyeleri kabul etmemiş ancak mikrofon ıslanacak uyarısıyla sık olmasa da şemsiyeye müsaade etmişti.

"Beni bu yağmurun altında beklediniz, gitmediniz. Ben geciktim, özür diliyorum sizlerden. Ama yetmez, çünkü biz bir yere geldiysek önce Allah'ın, sonra sizin sayenizdedir, sizin! Buradan organizatöre sesleniyorum. Beni bu yağmur altında dinleyen izleyicilerim, yakında

Berlin'de vereceğim konserime yarı fiyat ödeyerek girecektir. Biletlerinizi atmayın. Gidip kulisteki organizatöre yazdırın kendinizi, konserimi yarı fiyatına izleyin. Organizatör arkadaşlar da duysun. Bekliyorum hepinizi. Bir yanlış yapılırsa da bizim şirkete mutlaka bildirin. Yanlış yapana Allah cezasını verecek."

Alkışlar, ıslıklar, "En büyük imparator" sesleriyle konser yıkılıyordu.

İmparator, Berlin konserinde yağmur filan dinlemeden üç saat sahnede kaldı. Deyim yerindeyse dibine kadar fedakârlık gösterdi ve bunu sevenlerine dibine kadar hissettirdi. Kendine has konuşma üslubuyla zaman zaman saz ekibine ve izleyicilere takılıyor, espriler yapıyordu. İzleyicilerini müziğe doyurdu, güldürdü; duygularını açığa vuran sözleri ile gönülleri fethetti.

Hem İmparator, hem sevenleri yürekleriyle, ruhlarıyla varlardı o konserde ve benim nezdimde bir 'nirvana'ydı!

'ŞÖRDİR'İ LAHMACUNLA YAKACAĞIM'

İbrahim Tatlıses'in konseriyle ilgili haberde yer alan sahne, sahne öncesi ve sonrası konuşmalarından:

* Şimdi, ben burada lahmacunun tadına baktım, yedim ama olmamış, ol-ma-mıış. Tatlıses Lahmacun'u, Almanya'nın başkentine getiriyorum... Avrupa'ya! (Alkışlar, alkışlar)

Almanların, nedir o, Şördir'i (Almanya Başbakanı Gerhard Schröder'i kastediyor) size yanlış yaparsa onu acılı Urfa lahmacunu ile yakacağım! Tatlıses lahmacunu bu, başkasına benzemez. Eyle çigoti migoti yoh!... Haydiii... Bir mumduuur, iki mumduuur...

* Bana mağara adamı diye manşet attılar. İyi ki mağaradan geldim de sizlerin adamı oldum. Bir de mektep okusaydım, neler olurdu Allah bilir!

* Bakın yağmur sizi ıslattı. Beni beklediniz. Bu sevginin adı yoktur arkadaş. Bu beklemenin resmini Picasso bile çizemez. Çünkü bu resmin adı sevgi ve mutluluktur! (Duygusallaşarak birkaç saniye duraksadı.)

* Yağmur, çamur, top tüfek bu sevgimizi bitiremez. Bu can size kurbandır.

* Siz ıslandınız, İbo da ıslanacaktır. Tente mente istemem. Ben, her zaman sizin içinizden biriyim ve Allah bu cana ömür verdikçe de hep öyle olacaktır.

İbrahim Tatlıses, normalde iki saat sürmesi gereken programını bir saat daha uzatarak, kendisini yağmur rüzgâr demeden bekleyen Berlinli sevenlerine, bu jestiyle karşılık vermişti.

***

İmparator'un Almanya'da çeşitli vesilelerle verdiği konserlerin haddi hesabı yoktur dersek abartmayız. Ve her seferinde de "Gurbetçi"nin gerçekten samimi, yürekten ilgisine mazhar olmuş ve kendisi de buna misliyle jest yaparak karşılık vermiştir. Birkaç solo konserini ve diğer sanatçılarla yaptığı, ortak turne konserlerini izlemiş olarak bunu söylüyorum.

Berlin'de bir konserinde verilen arada, sahneden ayrılan Tatlıses kulise doğru yürürken üç beş korumanın aralarına aldıkları, yine koruma görevlisi olan bir genci tekme yumruk dövdüğünü görmüştük. Ben de yanında yürüyordum İbrahim beyle... Anında bağırarak, "O çocuğa bir sille daha vuranın ...." diye oldukça ağır bir küfürle müdahale etmişti. Aynı kızgınlıkla "Hepiniz toplanmış bir çocuğu dövüyorsunuz ulan! Bu mu sizin delikanlılığınız, erkekliğiniz. Yazıklar olsun sizin korumalığınıza da, erkekliğinize de!" demişti.

O gece için mevcut korumalar sayıca yetersiz görüldüğünden, koruma ekibi Berlinli birkaç koruma ile takviye edilmişti. Dövülen genci yanına çağıran Tatlıses, korumalara "Ne istiyorsunuz bu çocuktan, niye dövüyorsunuz?' diye sorduğunda "Abi bu çocuk acemi... Sahnede seni koruyacak diye her işe karışıyor, izleyiciye müdahale ediyor, bizi dinlemiyor" demişlerdi. Belli ki aralarında çıkan tartışma kavgaya dönüşmüştü.

Yanındaki, 18-20 yaşlarındaki, yüzü gözü dayaktan kızarmaya başlamış koruma "Abi ben sana bir şey olmasın isterim... Sana birşey olursa ben ne yaparım, nasıl ederim! Sen her şeyimizsin" demişti, o kadar dayağın bozamadığı saflıkla.

İmparator duygulanmış bir hâlde çocuğu kucaklamış, "Sahnede ne istiyorsa yapacak. Buna uzanan bir el, bana uzanmıştır, bana! Fiske bile kondursanız banadır. 'Acemidir, yeni gelmiştir, garibandır' diye böyle mi yapacaksınız. Karışmayacaksınız, sahnede o beni koruyacak. Hepinizi yakarım!" demişti. Elini öpmek isteyen korumaya da elini öptürmemiş, tekrar sarılmış, sonra da o kızgınlıkla kulise gitmişti.

Acemi koruma, Berlinli, meslek okulunda okuyan bir öğrenciydi. Zaman zaman koruma olarak çalışıp harçlığını çıkarıyormuş. Batı Yakası'ndaki bu ikinci kuşak genç, nağmeleriyle Türkiye'nin kokusunu getirip gurbetçiye yaşatan İbrahim Tatlıses için "İmparatora canım feda! Para mara istemem, yeter ki yanında, yakınında olayım. Dövseler de beni, onu sevenleri ayıramazlar" demişti bana, gözleri dolu dolu.

Konserin ikinci yarısı boyunca onu izlemiş, o yediği yumruklara rağmen yorulmadan, sallanmadan İbrahim Tatlıses'in sahne korumalığını canla başla yapmayı başarmıştı. 1990'lı yıllarda geçen bir olay bu ve sanıyorum diğer sanatçıların da yer aldığı Almanya'nın Berlin ayağındaki "Hasret Konserleri"nden birinde yaşanmıştı.

Konserdeki ünlülerin haberlerine, fotoğraflarına dikkat kesilmekten, kovalamaktan "İbo'yu canından çok seven koruma" olayını haberleştirememiştim. Kucaklaşmayı, el öpme çabasını velhasıl sahne arkasında yaşanan duygusal anların fotoğraflarını ve röportajını kötü ıskalamıştım.

Bir sanatçı ve seveninin bu duygu dolu buluşma sahnesini yaşayıp bu kitapta yazan Batı Yakası'ndaki gazeteci , omzundaki sevgi dolu bir yükü indirip, sizlerle paylaşmanın mutluluğunu yaşamaktadır.

***

Ünlü türkücüyle yıkılan Berlin Duvarı hakkında konuşamadık. Bir biçimde röportaj isteklerimiz de gerçekleşmedi.

İbrahim Tatlıses konserlerinin dışında, bir de süt ürünleri işi için Berlin'e gelmişti. Tad markasıyla çıkardığı peynir ve yoğurtların tanıtımı için bir markette, gazetecilerle alelacele buluşmuş, peynir kutularıyla poz vermiş, bir iki şey söyleyip yine alelacele gitmişti.

İmparator değildi o an; iş adamıydı... Basın tanıtımı da, çıkan haberler de ruhsuzdu. Tatlıses'in o sahne kişiliği o basın toplantısına yansımamıştı. Daha sonra iş yürümedi, Tatlıses de o işten çekildi.

Yine bir konser sonrasında zarar eden ve hasılatı önüne koyan organizatör arkadaşına, "Canın sağ olsun" demiş ve hatırı sayılır açığı bir kalemde çizmişti.

Berlin'de yaşayan Urfalı bir berber Tatlıses'in büstünü yaptırmıştı. Tatlıses hemşerisinin bu hediyesi ile çok duygulanmıştı. Konserde, kendisine büstü hediye eden berber hemşerisini kucaklayıp "Bu hayatımın bir ilkidir. Urfalı hemşerimden almak da ayrı bir mutluluktur" demişti, biz gazetecilere. Konser öncesi hemşerisinin dükkânına giden (gazetecilere haber verilmemişti) Tatlıses, sadece saçlarını düzelttirmiş, ustura ile tıraş olmamıştı.

Daha sonra, "Niye istemedi bir güvensizlik mi vardı?' diye sorduğumda, Urfalı berber biraz da alınarak : " Abey bizim canımız ona fedadır ya, İmparator bizim toprağımız, canımız cigerimizdir, sen ne diyorsun!. Sadece konser öncesi yüzünde istenmeden de olsa kesikler oluşmasın istedi.' demişti .

Daha sonra yine görüştüğümüz berber arkadaş Tatlıses'in sevgiyle karışık attığı yumruklardan muzdaripti. "Abi her yerim morardı ya. Canımız feda İbo'muza, abimize ama böyle sevmek olmasın abi, perişan etti ya! Vurduğu yumruklardan kollarımda müşterinin saçını kesecek hâl kalmadı valla! Kum torbasına çevirdi" demişti.

Tatlıses'in hiç bilmediğimiz bu özelliğini Urfa şivesiyle de anlatan, bir yandan da morarmış kolunu omzunu gösteren berberle beraber kahkahaları basmış, İmparator'un kulaklarını çınlatmıştık.

BİTİYOR:

Mağaradan gelip, ovada imparator olmuştur.

Mağaradan gelip, ovada siyasete soyunmuştur.

Benim Berlin'de ve kısmen İstanbul'da bir gazeteci olarak izlediğim İbrahim Tatlıses; mert, samimi ve yüreğinden geçeni söyleyen ve de bunu -hele de türkülerinde- hissettiren, gizli iyilikler sahibi İbrahim Tatlıses'ti.

İkimiz de aynı yılda, doğunun topraklarında doğanlardanız. Çocukluğumuzu ve delikanlılığımızı o toprakların kadim kültürüyle mayalandırdık. Bizlerin, birbirimizi iyi tanımamamamıza rağmen bilmemiz, biraz da bundandır belki.

"İbo" o toprakların kadim ruhunu aktarır eşsiz sesiyle, yorumuyla. Ve doğulu insanın yüreği bir başka hisseder o sesi, sözü. Sonra bir bakmışızdır ki o ses, yedi bucak dört iklim, Türkiye'mizin sesi, duygusu olmuştur.

Demem o ki:

Hoyratların efendisi, ölümsüz bir Türkiye sesi...

Az ağlatmamıştır.

Yaşattığı duygularda, gözyaşlarım(ız)da hakkı vardır; helal etsin.

Ömrü bereketli olsun, hayatı sıhhat afiyetle geçsin!

Şu yazdıklarımızla eğer bir hakkımız geçtiyse bizden yana da helalühoş olsun.

BİTTİ:

Muradı böyle

Akar gider kardaş

Muradı böyle

...

Felek dedi kardaş

Bu derdin muradı böyle

BERLİN'DEKİ BABAMIZ: TUNCEL KURTİZ

O, önce Berlin'de bizim babamızdı... Türkiye'nin dayısı olması sonradandır.

Konuğumuz Avrupa'daki sinema ve tiyatro temsilcimiz Tuncel Kurtiz
"Yok, yok biz daha yenilmedik Berlin'de!.."

"Şu Avrupa'da sanatçı bir Türk olarak yaşadıklarımın, düşündüklerimin hiç değilse bir kısmı benimle gitmesin. Yazıyla zamana not düşeriz" demişti. Ben de "Hay hay" demiştim, Tuncel Baba'ya, Tuncel Kurtiz'e...

90'lı yılların ortaları...

Avrupa'da özellikle de Almanya'da Türklerin yaptıkları sanatsal etkinlikler konusunda çok dertliydi. Bir Berlin sabahında buluştuğumuz, Kreuzberg'deki sabahçı kahvesindeki tek kişilik oyun, bir

Tuncel Kurtiz yapımıydı. Konuştuğumuz yeri iki sandalyeli sahne dekoruna dönüştüren ve konuştukça tiyatral bir hal alan, adını o an koyduğum ,"Ustayla Röportaj" adlı doğaçlama oyunun yönetmeni ve başrol oyuncusu da yine Tuncel Kurtiz'di.

Röportaj sırasında, içinden geldiğinde veya sinirlendiğinde ayağa kalkar, sözlerini bir tirat gibi aktarır, vücut diliyle de o lezzetli tiradı güçlendirirdi.

Tek kişilik oyun ve tek kişilik seyirdi... Müthişti!..

Bana gazeteciliğimin en keyifli röportajlarından biri nasip olmuştu. Arkalı önlü uzunca bir teyp kaseti bitmişti. Epey çay içmiştik. Yanı sıra Tuncel Baba'nın sigarası neredeyse hiç sönmemişti. Detayları, sayfadaki yer darlığı nedeniyle röportajıma yansıtamamıştım.

"Zor ama zevkli" röportaj Hürriyet Berlin ilavesinde yayınlandığında aramış, beğenisini paylaşma nezaketi göstermiş ve "Duygularımı da aktarabilmişsin; ben de 'Oh' dedim yahu, rahatladım. Sağ ol!" diyerek onore etmişti.

Mekanı, ışıklar içindeki sahneler olsun!

Aşağıda alıntılar yaparak aktaracağım bu röportajımı, isterdim ki Tuncel Baba hayattayken bu kitapta da görüp okuyabilseydi. Yıllarca siyasi baskılar yüzünden Türkiye'ye dönememiş, saygın sinema ödüllerine sahip, ömrünü sinema ve tiyatroya adamış, usta bir Türk sanatçısının değerlerini, Avrupa'daki bize ve sanata bakışını anlatan bu röportajımı, çam sakızı çoban armağanı olarak, Tuncel Baba'nın manevi varlığına, ulvi sanatçılığına ithaf etmek isterim.

Umarım ki o zaman ki Berlin'de söylediği "Buralarda yaşadıklarım benimle gitmesin. Yazıyla zamana not düşeriz" dileği de bu kitapla yerini bulur

'ENTEGRASYON AL GÜLÜM VER GÜLÜMDÜR'

Şartlar gerektirdi Avrupa'ya geldim ama Avrupa benim hayatımda bir süreçtir.

* 1971 yılında Cannes'a, Yılmaz'ın (Güney) filminin tanıtımı için gitmiştim. Bu hazırlıklar içindeyken ünlü, "12 Mart 1971-Balyoz Harekâtı"nı yaşamıştı ülkem. Üç bine yakın aydın, sanatçı, öğretim üyesi sebepsiz, gerekçesiz tutuklanıp gözaltına alınınca Türkiye'ye dönmek gibi bir tecrübeyi yaşamak istemedim doğrusu. Sonra İsviçre, İsveç, Hollanda Fransa, İsrail, Almanya...

* Şimdi içinde yaşadığım Berlin'le tanışmam aslında ilk 1971 yılındaydı. O zamanlar pek ısınamamıştım. Ama gel zaman git zaman, 80'lerde flörte başladığım Berlin'e âşık oldum. Şimdi kendimi Türkiyeli kadar Berlinli olarak da hissediyorum.

* Berlin'le tanışmamın nedeni de sağlam temeller üzerine kurulmuş, aklı başında bir Türk tiyatrosu kurma isteğinden geçer. Epey de uğraşmıştık yahu!

* Günümüze gelirsek (1990'lı yıllar) tamamen amatörler. Memur kılıklı tiyatrocu olmaz. Olur derseniz bunu da ben anlayamam, bana uymaz tiyatrocunun memurluğu. Hem sanatçıyım diye afralı tafralı gezeceksin hem de gizli edalı, memur yüzlü olacaksın. O zaman buna tiyatrocu, sanatçı değil, kendini tatmin etme denir.

* Entegrasyon politikası sadece bizim Almanlardan bir şey öğrenmemizi içermez. Onların da bizden öğrenmeleri gereken şeyler vardır; al gülüm ver gülüm misali. Buradaki tiyatro Türkçe konuşan bir tiyatrodur işte!

* İsviçre'de bir gazeteciyle konuştuğumuzda aynen şunu söyledi: "Biz sizden 500 sene korktuk. Şimdi de sizi sevmemizi bekliyorsunuz!" Yine yabancı bir rejisör arkadaşın söyledikleri de düşündürücüdür: "Benimle eşit olamazsınız! Ya bizden üstün olacaksınız ya da hep böyle kalacaksınız!" demişti. Bu kadar yıldır Avrupa'dayım ve sanat camiası içindeyim ama düşünülenler hep budur.

* Bizler Avrupalılar hakkında çok şey biliriz, onlar bizim hakkımızda hemen hiçbir şey bilmezler, bilmeye meraklı olanı da çok değildir.

Tuncel Kurtiz Hamburg'ta

Ünlü aktör Tuncel Kurtiz, "Kontes Sofia Hatun" isimli filmin görüşmeleri için Hamburg'a geldi. Ahrensburg Şatosu'nda çekilecek olan filmin senarist ve rejisörü Ayşe Polat'la biraraya gelen Kurtiz böyle bir teklif aldığı için memnun olduğunu söyledi. "Fremden Nacht" ve "Beyhan için Şenlik" isimli filmlere imzasını atan Ayşe Polat 3. yapıtında rolleri Tuncel

'BERLİN TÜRKİYE'NİN KARİKATÜRÜ OLDU'

Görev sanatçıya düşer... Dünya böyle yapıyor, gelişmiş ülkeler bu anlamda milyarlar harcıyorlar; öz kültürlerini yansıtacak onu evrensel değerlerle süsleyebilecek sanatçılarına... Yani dönerci kardeşimizle, börekçi Recep Efendi'yle horon tepip kemençe çalmakla yürümüyor bu işler. O işler yıllar öncesinin hoş görüntüleriydi.

* Kültürümüzü tanıtıyoruz diye şimdi yine yapıyoruz ama hikâye! Buna Alman'ı da Türk'ü de doydu. Dostlar alışverişte görsün dedikleri bu işte. Aslında acıdır ama Berlin, Türkiye'nin karikatürü oldu Aydın kardeşşş!

* Biraz daha açalım diyorsun, tamam. 1971 yılında politik kargaşadan çıkıp da Berlin'e gelen arkadaşların hepsinin kafasında, betonlaşmış taşlaşmış düşünceler vardı. Üç beş sol kitap okuyanı kalkıp bize tiyatro anlatırdı yahu!

* Varsa yoksa işçi sınıfıydı. Kafalarındaki betonlaşmış düşüncelerden dolayı sanatın yaratıcılığını hep ıskaladılar. Bir yığın projeyi, kapitalizmin göbeğinde yaşayıp nimetlerini sürerken "İşçi sınıfına terstir" diyerek dışladılar be kardeşim! Katılmadılar.

* Bir oyuncuyu almak istediğimizde bile onun bağlı olduğu fraksiyonun yetkilileri buna karar veriyordu. Sansür koyuyorlardı, eseri önceden okumak istiyorlardı. Tüm bunları da ilericilik, solculuk adına yapıyorlardı ki bu düpedüz ilkellikti. Bunu dün de söyledim bugün de söylüyorum.

* Türkiye'deki kavgaların Berlin'de dahası Avrupa'daki uzantıları çok daha değişik ve trajikomikti. Bir yığın Türk derneği var. İyi

niyetli olanlar da vardı kuşkusuz ama herkes önce kendini kurtarmanın, parayı cukka etmenin derdinde. Zannediyor ki kendisi kurtulduğunda gariban da kurtulmuş oluyor. Türkiye de öyle değil mi? İşte bu anlamda Türkiye'nin karikatürü oldu Berlin.

* Ben kişisel olarak sanatın ve bireyin iç içeliğine inandığım için bugüne kadar ne bir partiye ne de bir başka politik gruba üye oldum. İsteyen bunu istediği gibi yorumlar, istediği şeyi de söyler. Veya beğenir ya da beğenmez.

* Sloganlarla selamlaşılan, içtenlikten uzak, komik bir dönemi yaşadık. Ki Berlin Avrupa'nın kültür başkenti ve yok böyle bir mantalite. Türkiye'de bunu anlayabilirdim ama burada hiçbir zaman anlayamadım.

* Almanlar, bizim bu solcu efendilerin davranışını gayet güzel kullandılar. Batılının çifte standardı denilen olay da bu! Alman yöneticilerin tavrını gördüm; kendi tiyatrolarında asla var olmayan bir demokratik anlayışı bizim tiyatrolarımızda uygulamak istiyorlardı.

* Almanya'da sağlam ve çağdaş bir lobiciliğimiz olsaydı Alman film yönetmenleri bizi filmlerine çağırdıklarında, ille de karısını döven Türk kocayla dünyadan haberi olmayan zavallı Türk köylüsünden başka rollere layık görebilecekti. Bunlar bizim gerçeğimiz, kabul ediyorum ama nedense güzel olan diğer gerçeklerimizi görmek istemiyorlar.

* Sarımsak soslu dönerleri yesinler, bir de Türk dansöz seyredip onunla göbek atsınlar ve böylece Türk kültürünü de öğrenmiş olsunlar. Oh ne güzel!

* Evet, söylediklerim düşündüğünüz gibi acı sözler ama hepsi doğru. 36 yıllık sanat yaşamımın neredeyse on beş yılının geçtiği Avrupa'da gördüğüm şeyler.

* Hemen söyleyeyim ki bu karamsarlık değildir. Biz yenilmedik! Bu insanlara kendi kültürel dünyamızı, Türk insanının gerçek değerlerini bir şekilde sunacağız. Yok, yok biz yenilmedik! Hiçbir şey

olmazsa sokakta kurarız tiyatromuzu. Sokakları asla küçümsemeyin! Her türden insanın değişmez adresi, baş mekânıdır sokaklar.

* Berlin bizim de şehrimiz! İnanıyorum ki burada ve Almanya'nın bütününde çok önemli tiyatrocu, sinemacı, ressam, şair velhasıl sanatçılar doğacaktır bu nesilden. Onlarla köprüyü daha da sağlamlaştırmak gerekir. İsteyen gelip benimle konuşuyor. Bu çok güzel ve bundan da büyük keyif alıyorum.

* Berlin Duvarı'nın yıkılması, beraberinde kendi sevinçleri kadar sorunları da getirecektir. Ama önemli olan insanın, özellikle de Almanların kendi duvarlarını yıkmasıdır.

* Ve insanlığın kendi duvarlarını yıkması kadar zor bir şey yoktur.

BİTİYOR:

Sevgilimle yan yana yatarken bile tiratlarım, rollerim, repliklerim sürer. Çünkü hayat da sürüyor.

Hayat biter, tiradlaaar da, tiradlar daaa.

BİTTİ:

Bir yerlerdesin ve hâlâ kabına sığmıyorsundur.

Hamlet'in son sözlerini; "The rest is silence"yi (gerisi sessizlik) senin kuantumlu boyutuna, ya da paralel evrenine ya da cennetine, cehennemine (her neresiyse) geldiğimde de dinleyeceğim senden.

Kreuzberg'deki sabahçı kahvesinde, ne Tuncel Kurtiz ne de tiratları kesti dediğimde...

"Bir daha yaparız" demiştin çünkü.

"Denk geldiğimiz zamanda ve mekânda" sözün vardı.

Vuslat saatlerimde ismin Tuncel Babaaa!

BURSLU FAZIL SAY VE GÜVERCİNLER

Berlin'de burslu yıllarıydı.

Oturduğu evin terasında güvercinleri vardı, çok sevdiğini söylediği. Deli dolu ve Fazıl Say'ı çok sevdiği her hâlinden belli olan Berlinli güzel ve biraz da naif bir kız arkadaşı... Türk'tü.

Sağ olsunlar açılan evin kapısında beni, ikisinin de samimi "hoş geldiniz"leri ve sıcak gülümsemeleri karşılamıştı. Bugün gibi hatırlıyorum çünkü, kapının zilini çalana ve Fazıl Say'ı görene kadar "sanatçı kaprisi" ile karşılaşma tedirginliği taşıyordum.

Evden içeri ilk adımı atıp tokalaştığımda; evin kapısıyla beraber, gönül kapısının da açıldığı duygusunu almış ve "Oh be!" demiştim içimden.

Piyanosu, az ışık alan ama insana kasvet değil de huzur veren bir odadaydı. Mütevazı eşyalarla döşenmiş evde yaptığımız görüşme, röportajdan çok bir kahve sohbetiydi. Fazıl Say misafirperverdi, "İşte biz buyuz" doğallığını yaşıyor, yaşatıyordu.

Müziğe dair soruların cevaplarında (Çok azını hatırlıyorum çünkü arşivi kaybettim), yaptığı ve yapacağı bestelerin kendisini çok heyecanlandırdığını, bir Türk virtüözü olarak dünyada anılmasının hedefi olduğunu söylemişti.

Berlin'deki "Burslu Türk piyanist" henüz dünya çapında ünlenmemişti ama konular piyanoya, besteye, ustalara, klasik müziğe geldiğinde "dünya çapında bir Fazıl Say" ışığını vücut diliyle hissettiriyordu.

Bazen konuşmayı yarım bırakıp hızla piyanonun başına geçerek tuşlarla bütünleşircesine çalıyordu. Bir süre sonra piyanonun başından kalkıp geldiğinde rahatlamış ve gerginliği gitmiş gözüküyordu. Gülerek "Arada bir oluyor işte kusura bakma" diyordu ve devam ediyorduk konuşmaya.

Dahi piyanist Fazıl Say, Amerika yolcusu

Geçtiğimiz şubat ayında üç kıtadan 400 adayın katıldığı, branşında dünyanın en ciddi ve zor yarışması olan New York'taki "Young Concert Artist" (Genç Konser Sanatcıları) yarışmasında birinci olan Fazıl Say, Amerika yolcusu. Yaptığı özgün bestelerinin yanısıra, piyano çalma ve yorumlamadaki ustalığıyla dünya otoritelerince "genç dahi" olarak nitelendirilen 25 yaşındaki sanatcımız, Washington'daki "Terrace Theater at the Kennedy Center"in açılış müziğini yapacak. Washington "kaymak tabakası"nın katılacağı açılışta Say, kendi bestelerinin yanısıra Haydn, Liszt ve Berg'in eserlerini yorumlayacak. Küçük yaşta Türkiye'deki değerli hocalardan Mithat

Sohbeti bozan bir başka şey de sık sık patlayan kahkahalarımızdı. Sonrasında "Nerede kalmıştık" sorusunu unutuyorduk ama unutmuş olsak bile, o rahat ve neşeli ortamda Batı Yakası'ndaki gazeteciyle piyanist, "an"dan ve "akış"tan yana mutluydular.

Bana bir iki beste çalışmasından söz etmiş, söz etmekle de kalmayıp kısmen de olsa çalma lütfunda ve nezaketinde bulunmuştu.

Fazıl Say'la yaptığım röportajda en çok hayıflandığım; anlık ilhamlarla piyanosunun başına geçtiği anları fotoğraflayamamış olmamdır. Seyrediyor, dinliyor ama o müzikle bütünleştiği anları görüntülemek için makinenin deklanşörüne basamıyordum. Büyü bozulacaktı çünkü!

Ama fotoğraf da çekmem gerekiyordu. Ben yokmuşum gibi çalmasını rica ettiğim enstantaneleri, eksik olmasın, esirgemedi. Mümkün olduğunca flaşsız ya da endirekt flaş kullanarak, doğaçlamayı bozmamaya çalışmıştım. Ayrıca piyano başında çalmadan otururken, konuşurken, doğaçlama ya da enstantane çekimlerde de çok cömert davrandı.

Terastaki güvercinlerinden söz etti.

Huzur verdiğini, dinlendirdiğini ve onlarla mutlu olduğunu söyledi. Terasta, güvercinleriyle mutlu Fazıl Say fotoğrafları röportajım için de güzel olacaktı. Gün batımına doğru bol bol da fotoğrafını çektim. Onlara yem attık beraber ve güvercinlere dair de konuştuk.

Fazıl Say sadece benle değil, yanlarına gidip ya da yanımıza gelen güvercinlerle de konuşuyordu ve çok doğaldı. Onca saatlik sohbet, röportaj sırasında "Hayvan sevgisinden kendimi alamıyorum" demesini hiç unutmadım.

Emin değilim ama galiba çatı katındaki terasta da piyano başında da beraberce bir iki kare fotoğraf çektirmiştik.

Ama heyhat ki arşiv mağduruyum!

BİTİYOR:

Röportaj, içsel yolculukların anlatımına dönüştü zaman zaman. Bazıları için, "Bunları yazmayalım"da mutabık kaldık. Bence güzel bir röportajdı ama gelin görün ki Hürriyet'te çıkmadı.

Meslekte bu tür yol kazaları olabiliyor. Çok severek kaleme almıştım. Ve çıkmadığına çok da hayıflanmıştım. O Berlin röportajından alıntılar yapmak isterdim bu kitabıma. Batı Yakası'ndaki yaşlı gazeteci şimdi de bunun için hayıflanıyor.

BİTTİ:

Çıkmayan Fazıl Say röportajımdan kısa bir müddet sonra Ertuğrul Bey (Özkök), Paris'te bir müzik mağazasında Fazıl Say'ın liste başı CD'sini dinleyip köşesine taşıyınca Say, adeta patladı ve de harika çocuk payesi ana sütü gibi helalühoş oldu.

Fazıl Say'ın elleri dert görmesin, sanat hayatı bereketli olsun!

Ertuğrul Bey'in yıldız pusulalı kalemi de daim olsun!

Berlin'de mukim burslu bir dahinin, mütevazı öğrenci evinde doğaçlama çaldığı büyüleyici piyanosunun şölenine, duygularına yanıbaşında ortak olmak..

'Dünyanın Piyanolar Başkenti' olarak da anılan Berlin'de, Fazıl Say'la 'Yolun başındayken'de buluşmak...

Yazarken o anları tekrar yaşattığı için Fazıl Say'ı, gönül borçlu anmak!

Ve çatıdaki güvercinlerine beraber yem atmanın, gün batımıyla yaşanmış mutluluğunu anmak da, Batı Yakası'ndaki ihtiyar gazetecinin tesellisi olsun!

Has ve hazdı çünkü!

EŞKIYA İLE BERLİN YARENLİĞİ: ŞENER ŞEN

2 Hürriyet

Türk Sineması'nda bir büyük usta: Şener Şen

Profesyonelliğe çok özen gösteriyorum

RÖPORTAJ: Aydın ÜRÜN

O, bir serüven insanı!

Arayışlar, yanı başında.

Sinema dünyasının enginlerinde, keşiflere yelken basan.

O bir usta!

Seyircinin ruh hâlindeki gelgitlerin sorumlusu.

İçimizden biri; naifliğimizi, içtenliğimizi, duruluğumuzu, duygularımızı en iyi yansıtan aktör!

Bizi sinema dünyasının büyüsüne sürükleyen, alıp götüren büyücülerin başı.

Onun son adı: EŞKIYA!

***

Eşkıya filminin, 1997 yılındaki Berlin galasının ardından Türk sinemasının büyük ustasıyla röportaj fırsatını yakalamıştım.

Ve itiraf: Bu zorluklar içeren bir röportaj; engin insanları, sınırlı sayfalara sığdırmak zorluğu... Branş tuzağı vardır, sinema birikimi ister. Üstelik de mizah gibi gayet ciddi bir donanıma sahip bir usta var karşınızda!

Şener Şen, Şener Şen'in neyini beğenmez diye ipuçları yakalamakla giriyorum röportaja...

O da bu soruyu, sinema dünyasındaki Şener Şen ile sınırlayarak cevaplıyor:

'HER İŞTE VE ZORLUKTA ÇALIŞTIM'

1970'li yıllardan bu yana seyirci beni sinema serüveninden tanıyor. Bugüne kadar yaptığım işler hem benim sinema ile ilgili neler yaptığımın ipuçları, hem de zamanla bu noktalara gelen sinema anlayışımın bir grafiğini çiziyor...

Bunu benim söylemem yakışık almaz ama geldiğimiz noktalar buralar işte, görülüyor. Ben işime tutku derecesinde bağlı olmamı beğeniyorum! Oyunculuğu çoook seviyorum; ama işte bu yüzden de modern yaşama uymakta zorluklar yaşıyorum.

* Kendi bakış açımıza uygun, kendi estetiğimize uygun, sinema anlayışımıza uygun insanlarla bir arada olmaya özen gösteriyoruz. Diğerleriyle kanımız pek tutmuyor doğrusu! Bu da giderek bir yaşam tarzına dönüşüyor ve belli noktalarda modern yaşamdan uzaklaşıyoruz sanki.

'GECEKONDUDA BÜYÜDÜM, ÇOK İŞLER DENEDİM'

Sıradan insanların olduğu yerlerden geldik biz... Sade vatandaş grubuna dâhildik. Tipik bir çekirdek Türk ailesinden geldik.

Gecekonduda büyüdüm!

Adana'dan İstanbul'a göç ettik. Babam da sinema oyuncusuydu; eski Halkevleri'nin yetiştirdiği bir tiyatro oyuncusu. Bizim o dönemdeki sosyal konumumuzda olan, bizim ekonomimizin zorluklarını yaşayan bütün insanların çektiği sıkıntıların hepsini çektik! Tüm bunlar bizim topluma ait değerleri, insanları çok yakından tanımama, bilmeme yardım etti!

Hakikaten çok zorluklardan geldim, hakikaten!

Arayışlar içinde çok işler denedim. İşportacılıktan şoförlüğe, pazarcılıktan öğretmenliğe kadar değişik işlerde çalıştım.

* Oyunculuk, ilkokul zamanlarından beri kenarımda, kıyımda bulunan ve beni belirleyen özelliklerden biriydi. Onu hiç unutmam; hatta gizliden gizli besledim. Bütün bu koşturmaların arasında tiyatro ile ilgilendim. Sonunda benim bu hobi denecek oyunculuk tutkum mesleğimi seçmemde yardımcı oldu.

Her işi denedikten sonra, oyunculuktan başka hiçbir iş yapamayacağımı anladım.

* Bu yaşadıklarımdan çok memnunum!

Toplumun her kesiminden değişik insanlarla bir arada olma ve onları yakından tanıma imkânım oldu. Bir fanus içinde çok iyi koşullarla yetişip, hiç gerçek halkı tanımayan, o insanların dertlerini filan kavramakta zorluk çeken kimselerden olmadım. Onların içinden geldiğim için çok mutluyum; samimiyetimle!

* Eşkıya filmi, bir ekip çalışmasının sonucu. Tabi benim gözlemlerimin de çok etkisi var ama daha ziyade yönetmen Yavuz Turgul'un dünyasını kavramakta bizim gösterdiğimiz gayret var.

* Film ortaya çıktıktan sonra artık bizim dışımızda gelişiyor. Herkesin her konu hakkında eleştiri yapma hakkı doğuyor. Bu eleştirilerden asla alınmıyoruz!

Bizim için seyircinin ama gerçek seyircinin; yani parayı verip sinemaya gelen seyircinin gösterdiği ilgi heyecanlandırıcı. Bunun Alman, Amerikalı ya da Fransız olması önemli değil. Çünkü filmin (Eşkıya) içinde çok evrensel, insana ait değerler olduğuna inanıyorum.

* Kendi yaşamımla film arasında bir bağlantı kurmak yanlış. Çünkü projeler hep başkalarına ayrılıyor... Benim öyle bir becerim olsa yapacağım. Keşke o yaratıcı beyin bende de olsa. O zaman bu kadar duraklamalar olmaz. Daha sık üretim yapabiliriz.

Profesyonelliğe çok özen gösteriyorum ve tamamen filme konsantre oluyorum. Hem film yapıp hem de sabahlara kadar bir yerde eğlenip sabah yine sete gidebilenler var. Ben bunu pek beceremediğim için onlara özeniyorum.

Öyle dalgalı, fırtınalı, gümbürtüler koparan bir yapıda değilim ama bilindiği gibi, iki evlilik yaptım, ikisi de ayrılıkla sonuçlandı. Bu kadar işte!

BİTİYOR

Doğu Yakası'ndan bir "Eşkıya" geldi geçti tüm heybetiyle!

Bir yanında revolveri, bir yanında ölümüne sevdalı Keje'si!

Sevda ölümüne yürüdüler el ele!

Rivayet odur ki on dördündeki her yeni ayın mavi gecesinde muradına ermemiş yedi düvelin kara sevdalıları, onların geçip giden el ele gölgelerini görüp sevdalılarına kavuşma duaları ederlermiş!

Ve onları sadece ölümüne sevdalanıp da kavuşamayanlar görürmüş!

Ve onların duaları da meleklerin sevgi katında kabul olurmuş.

BİTTİ

Batı Yakası'ndan, Türk sinemasının bir büyücüsü geçti…

Şener Şen!

Evvel zamanları, hayatın cilveli ve çileli tezgâhlarında nakışlanıp işlenmiş.

Duygularımızın aktörü olması o yüzdendir!

Mayası sinema, sineması hayatının nefesi olan, Şener Şen...

Faniyiz; eğer ben de bir gün Cumali gibi, "Topraktan, sularla birlikte bir çiçeğin bedenine yürürsem" onlarca arı arasından "arıya bürünmüş Eşkıya"yı bekleyeceğim çiçek özümde...

Keje'ni anlatacaksın bana...

Ve muskasını hiç kaybetmeyen bir sinema büyücüsünün masalını dinleyeceğim senden Eşkıyaaaa...

DAVOS ANILARI
EMİNE HANIM VE TAYYİP ERDOĞAN

BİR FIRST LADY VE 'İLK RÖPORTAJ' HİKÂYESİ

Davos, Ocak 2003...

Türkiye'de AK Parti (Adalet ve Kalkınma Partisi) iktidarının ilk yılları. Türk siyasetinin rüzgârı artık çok farklı esmekte... O dönemde henüz yalnızca AK Parti Genel Başkanı ve Başbakan olan Recep Tayyip Erdoğan dünyaca ünlü Davos Zirvesi'nin katılımcıları arasındaydı.

Dünyanın elitlerinin buluşma noktası olarak bilinen Davos Zirvesi'nde, muhafazakâr ve İslamcı olarak tanımlanan AK Parti, büyük bir merakla ve biraz da ihtiyatlı bir yakınlıkla izleniyor. Başbakan, Erdoğan'ın dava arkadaşı ve "kardeşim" dediği Abdullah Gül'dü. Ancak Davos'ta Erdoğan, yakın geleceğin başbakanı olarak muamele görüyordu.

O dönem artık Türkiye'de değildim. Hürriyet'teki gazeteciliğimi, Berlin Duvarı'nın yıkılmasını haberleştirmek için gönderildiğim Almanya'nın Başkenti Berlin'de sürdürmekteydim. Yani bire bir Türkiye'nin gündemini değil, Almanya'nın gündemini takip ediyordum.
Bunu niye anlatıyorum:

Çünkü Berlin Büro'dayken, İstanbul Hürriyet'ten gelen bir telefonla; "Türkiye'nin yeni first lady'si Emine Erdoğan'ı, Davos zirvesinde Aydın Ulun takip edecek ve mutlaka da özel bir röportaj çıkarmaya baksın" ricası (tatlımtrak bir emri!) geldi. Röportajı isteyen, dönemin Hürriyet Gazetesi Genel Yayın Yönetmeni Ertuğrul Özkök'tü... O an itibarıyla duygularım:

Davos Zirvesi... AK Partili bakanlar, bürokratlar, siyasilerin eşleri, iş adamları. Ve hepsinin uzağında olup da hiçbirini tanımayan, Türkiye'deki gazeteciliğini Almanya'ya taşımış ve yıllardır Almanya'nın gündemiyle haşır neşir olan ben ve Emine Erdoğan Hanımefendi röportajı (!)

Türkiye'de siyaseti, magazini vs. takip eden gazeteciler varken niye ben?

Daha sonra öğrenecektim ki Emine Erdoğan Hanımefendi, tüm ısrarlara rağmen hiçbir gazeteciyle Türkiye'de, özel dünyasını da anlatan röportaj yapmamış.

Yapılacak röportaj bu anlamda bir ilk olacakmış ve Özkök, bu röportajı, "kafaya kötü takmış bir hâlde" ve de yana yakıla Hürriyet'te istiyormuş.

Bunları bir yıl sonra -nasıl olsa iş başarıyla bitmişti- Berlin'de kahvelerimizi yudumlarken bizatihi bana anlatan, o dönem ekonomi sayfasını yöneten, kadim dostum Vahap Munyar'dı.

İstanbul'daki bir yazı işleri toplantısında Özkök'e, "Tamam Aydın bu işi yapar" diyen ve beni Türkiye'nin siyasi hassasiyetlerinin ve bihaber olduğum fırtınalarının içine atan, bu işi başıma saran, öneren meğer yine Sevgili Vahap'mış.

"Niye Almanya'daki gariban gazeteci ben?" hikâyesinin perde arkası bu, hem de bire bir kaynağından.

Telefondan sonra aldı beni panikle karışık bir "Davos telaşı" ki sormayın gitsin. Bir gün kala haber verilen Davos Zirvesi'nde kim nerede, hangi otelde kalıyor? Özellikle Erdoğan çifti hangi otelde kalıyor? Akreditemiz yok, hangi görüşmeleri var, nasıl dâhil olacağız meçhul. Davos zirvesi için medya dâhil, katılımcılar aylar öncesinden otel rezervasyonu yapmışlardı. Son dakikada gideceğimiz karlarla kaplı Davos'taki otellerde, kalacak yer var mıydı?

Çok sürmedi, soruların, şaşkınlığın yerini hemen yıllarımızı verdiğimiz "Türkiye usulü" gazeteciliğin refleksleri aldı. Gazeteciliğin coğrafyası, zamanı, kimdiri, nediri vs. olmaz!

Kollar sıvanır, makine alınır, yallah habere...

Kervan yolda, haber "izde" düzülürdü.

Berlin'den Davos'a yola çıktığımda "iz sürme" başlamıştı bile! Batı Yakası'ndaki Türk gazetecisi, bendenizin, aklına hiç mi hiç gelmediği, sokakta dahi görse tanıyamayacağı "First Lady Emine Erdoğan" röportajının hikâyesi böyle başlamıştı.

Devam ediyoruz...

DONMUŞ GÖL ÜZERİNDE RÖPORTAJ

Türk heyetinin ağırlıklı olarak kaldığı otelde, bütün gazeteciler toplanarak, Emine Erdoğan Hanım'la ortak bir röportaj yapmak istediklerini ısrarla, yoğunlukla -haklı olarak- aktardılar ki çok geçmeden hemen "Tamam" cevabı geldi. Buluşma yeri ve zamanı belli olmuştu.

Emine Hanım, Davos'un merkezine yakın Seehorn (gölün adı) bölgesine gelecek ve Türk basınıyla buz tutmuş, karlar içindeki gölün üstünde bir yandan yürürken bir yandan da gazetecilerle sohbet edecek, sorulara cevap verecekti.

Adres ve saat not edilirken herhangi bir yanlışlık olmasın diye birkaç kez de dikkatle teyit edilmişti. Gazeteci arkadaşlar, hepimiz çok mutluyduk. Emine Hanım, Türk medyasına "merak edilen her yönüyle" çıkacaktı.

Meslektaşlarımızın bir kısmı, "Türkiye nihayet Emine Hanım'ı tanıyacak. Hele şükür aylardır röportaj için çalmadığımız kapı kalmamıştı" derken, bir kısmı da bu gelişmeyi Türkiye'deki gazetelerini arayarak "First Lady Emine Hanım Davos'ta Türk medyasıyla buluşuyor" ön haberiyle iletmişti. Bazıları da merkezden soruları alıyordu, röportaj için.

Velhasıl bütün meslektaşlarımız, haklı bir heyecan ve sevinç içindeydiler. İtiraf edeyim ki ben de çok sevinçliydim ama bu buruk bir sevinçti.

Çünkü benden "özel röportaj" istenmişti.

Televizyonların, gazetelerin, ajansların temsilcilerinin hazır bulunacağı basın toplantısında bu mümkün değildi. Ancak hiç yoktan iyiydi; basın toplantısında bulunacak ve gazetem Hürriyet adına sorularımı soracaktım. Ama bir yanımda da minik de olsa bir umut vardı: Emine Hanım nasılsa birkaç gün daha buradaydı illa ki bir yolunu bulup ayaküstü de olsa birkaç dakikalığına, "özel röportaj" şansım olabilirdi. Hiç unutmam; o gece başımı Davos'un yıldızlarla dolu gökyüzüne kaldırarak şöyle bir dua etmiştim:

"Minik bir şans Tanrım! Geçmişte bir-iki kez olmuştu bu kez de esirgeme lütfen. N'olur!"

BASIN TOPLANTISINDAKİ TEK GAZETECİ

Davos'ta, donmuş Seehorn Gölü'nün üzerinde iki kişiydik, Emine Erdoğan Hanımefendi'yi bekleyen ben ve beni arabasının içinde bekleyen Davoslu taksici. Oysa akşam, Türkiye'den gelen gazeteci ordusuna, bugün için bu adreste randevu verilmişti. Ama kimse yoktu.

Sabah, Davos'taki otelin kapısından randevuya gitmek için en az beş-on araba dolusu gazeteci gitmişti. Hem de konvoy hâlinde ayrılmışlardı. "Beni de alın beraber gidelim" dediğimde hiçbir meslektaşım arabasına almadı. Ya araba kameralarla doluydu ya da başka yere uğranacaktı filan...

Almadılar! Almadılar! Almadılar!

Batı Yakası'ndaki meslektaşlarını hiçbirisi tınmadı, basıp gitmişlerdi. Ben öyle sap vaziyetinde, hayal kırıklığı içinde ve pek kırılmış olarak kalmıştım, kapı önünde.

Batı Yakası'ndaki gazetecinin tek maksudu, memleket hasreti gidermekti, memleketinden gelen meslektaşlarıyla.

Yoksa Davos taksi doluydu ve Allah var; Hürriyet haber için yapılan masrafı bizden hiç esirgemezdi. Nitekim çağırdım taksiyi ve yola koyulduk. Ben bu duygular içinde Emine Erdoğan Hanımefendi ile buluşulacak yere geldiğimde, hiçbir gazeteciyi göremeyince bu sefer de içime bir kurt düştü.

Gazetecilere açık, sohbetli gezi yapılacağı defaten söylenmişti. Acaba Türkiye'den gelen meslektaşlar son dakikada, özel bir yerde, özel bir röportaja mı yöneltilmişlerdi. Öyle ya; bakan, başbakan ve partileri takip eden gazetecilerin hepsi bir arada gelmiş, birbirini bilen eden gazetecilerdi. Aralarındaki tek 'Yabancı' gazeteci, yüz vermedikleri, arabalarına bile almadıkları Batı Yakası'ndaki bendenizdim!. Bana niye haber versinler ki!

Bunun için mi yani, atlatma haber için mi beni yanlarına almamışlardı acaba?

Öyle ya! En büyük gazetelerin, en iyi gazetecileri, aynı zamanda Emine Hanım'la yapılacak ilk "first lady röportajı" için Davos'a gelmişlerdi ve hiçbirinden eser yoktu!

Taksiciye iki kez üst üste, bize verilen adreste olup olmadığımızı sormuştum bekleme sırasında. Şoför ikincisinde, "Beyefendi, ben doğma büyüme Davosluyum ve 25 yıldır taksicisiyim" demişti, kızgınlığını hissettirdiği sinirli ses tonuyla!

EMİNE HANIM'LA FOTOĞRAF PAZARLIĞI

Buluşma için gazetecilere verilen ortak telefonu aradığımda "Atlatılıyorum" düşüncesi ve tavan yapmış bir gerilim içindeydim? "Beş dakika sonra oradayız" cevabı, hayatımda, beni rahatlatan sözlerin birinci sırasına oturmuştu bile.

Gerçekten de 5 dakikaya kalmadan siyah bir Range Rover ciple, Davos'taki buluşma yerimiz "Seahorn" gölündeydiler. Emine Hanım ile karşılıklı birbirimize doğru yürürken gözlüklerini çıkarma nezaketi göstererek elini uzattı ve karşılıklı gülümseyerek tokalaşıp, merhabalaştık. İki hanım arkadaşı ve bir de akrabası ve/veya koruması olan nazik bir beyefendi vardı. Etrafına bakındı ve biraz da şaşırmış bir tonla sordu:

"Bir tek siz mi varsınız?"

- Evet.

- Allah Allah! Diğer gazeteci arkadaşları göremedim, neredeler?

- Vallahi hanımefendi ben de bilemiyorum. Ne gelen var, ne giden! Yaklaşık 15 dakikadır buradayım.

- Kusura bakmayın, sizi de beklettik.

(İlk intiba... Tevazusu, gülümsemesi, her şeyi ile samimiydi Emine Hanım.)

- Rica ederim efendim, ne demek.

- Onları beklemeyelim o zaman. Biz röportajımızı yapalım.

("Allah'ım özel bir röportaj nasip et" duam galiba, hiç beklemediğim bir anda kabul olmak üzereydi. Allahım ne büyüksün!)

- Maalesef tek benle bu röportajı yapacaksınız. (Gülüşmeler)

- Estağfurullah, tabii ki, hangi gazetedensiniz?

- Hürriyet Almanya'dan efendim! Berlin Büro, Aydın Ulun.

(Tekmil havasında olmasın diye de biraz yumuşak tonla ağır ağır söylemiştim.)

- Memnun oldum.

- Ben de efendim.

(Yanındaki hanım arkadaşlarıyla tanıştırdı. Nezaket konusundaki hassasiyeti röportaj boyunca sürmüştü .)

- Hanımefendi, uygun görürseniz hazır kar da başlamamışken birkaç fotoğrafınızı önceden çekmek isterim. Çünkü kar taneleri yüzünüzü, gözlerinizi, kapatabilir.

- Vallahi Aydın Bey, ben poz vermeyi sevmem. Biz yürüyelim, siz sorun, ben cevaplayayım ve lütfen doğal hâlimiz neyse o şekilde çekin. Olduğu kadar.

- Peki efendim!

Soruyu soracak, not alacak ve yürürlerken de karda iyi fotoğraflarını çekecektim. (Bu arada dönemin Frankfurt merkezdeki yöneticilerinin verdiği fotoğraf makinaları o kadar ağır çekim yapan, amatör , basit makinelerdi ki, anlatamam... Apayrı bir hikâye konusudur.) "Allah'ım her şey iyi gitti sayende. Ne olur on dakika daha! Hiçbir zaman ateist olmayacağım. Ne olur lütfen yardımını esirgeme" diye, dua mı da ediyordum tabii. Ve geriye Emine Hanım'ın dediği gibi "Olduğu kadar" kalmıştı!

Röportaja başladık, soruyu soruyor, hepsinin değil ama bazılarının cevaplarını düşünürken ben de o arada fotoğraflarını çekmeye çalışıyordum.

- Efendim bir iki kare, sadece sizin fotoğrafınızı çekebilir miyim?

- Böyle iyi Aydın Bey devam edelim.

Bu arada "kötü marka, berbat" fotoğraf makinem soğuktan etkilenmesin diye not alırken bazen paltomun cebine bazen de koltuk altıma sokuyordum. Emine Hanım ve yanındaki hanımlar çok kısa da olsa kendi aralarında konuşurken makineyi hohladığımı bile hatırlıyorum. İnanılır gibi değil ama inanın... Allah şahidimdir, başka da ne diyeyim.

Bu arada Emine Hanım karşımda düz yürüyor, ben arada bir arkama bakarak geri geri yürüyordum. Ben bu vaziyetteyken Emine Hanım Davosluların kar üzerinde koşan köpeklerini okşuyor, kucaklarındaki yün giysilere sarılı minik köpeklerine sevgi ile bakıyordu. Eminim uygun bir an yakalasa o hayvanlara sarılacaktı.

O anlarını, eşi Tayyip Bey'den bahsederken yaşadığı duygusal gelgitlerin yüzüne yansımasını ve "Davos kristal bir rüya gibi" derken Davos'a yöneltiği romantik bakışını fotoğraflayamadığıma hâlâ hayıflanırım.

'TAYYİP'İ ÖZLÜYORUM'

Tayyip'i özlüyorum
HÜRRİYET ÖZEL
Kristal kümede romantik yürüyüş
MODACI GÖZÜYLE
Makyaj güzel kürk abartılı
KONSER
2019/4/25 11:58

- Davos'a ikinci gelişiniz galiba.

- Evet, Davos'a ikinci gelişim ama bu kez sanki bana daha huzur verdi.

- Sizi burada en çok neler etkiledi?

- Dün akşam Davos'a geldiğimde yağan karlar kristal kümeleri gibiydi. Bir kristal rüya gibiydi... Ama dikkat ettim etrafımdakiler hep koşturmaca, telaş içindeydiler ve bu güzelliği fark etmediler. Oysa çok güzel ve romantikti.

- Yanınızda Tayyip Bey'le gezmeyi tercih ederdiniz herhâlde?

- Çok iyi olurdu. Ama Tayyip'i eskisinden çok daha az görüyorum. Bazen Tayyip'i özlediğimi düşünüyorum.

- Politikacı eşlerinin kaderi galiba...

- Evet. Bir tarafın mutlaka fedakârlık etmesi gerekiyor. Anlayış ve fedakârlık politikadaki eşlerin kaderi diye düşünüyorum!

- Kayak biliyor musunuz?

- Hayır. Fırsatım olmadı ama beyazlar içinde, karlar içinde süzülmek güzel olsa gerek; en azından seyri öyle.

“KAYBETTİĞİM KEDİMİN ÜZÜNTÜSÜNÜ HALA YAŞIYORUM”

- Yanı başımızdan geçen Davosluların köpeklerine gösterdiğiniz yakın ilgiye bakılırsa hayvanları seviyorsunuz.

- Hem de çok. O kadar bağlanıyorum ki sonradan kopmak ya da onların ölümünü görmek beni çok üzüyor. Bu yüzden de hayvan besleyemiyorum.

- Sanki eskiden varmış gibi konuşuyorsunuz...

- Bir kedim vardı... İkimiz de çok küçüktük. Ve daha sonra onu kaybettim. O gün bugün sadece hayvanları sevmekle yetiniyorum.

GÜMÜŞÜ ÇOK SEVERİM

- Boynunuzdaki gümüş bir tuğra galiba…

- Evet, bir arkadaşım hediye etti.

- Kimin tuğrası biliyor musunuz?

- İnanın bakacak vaktim olmadı. İçine bir şeyler de koyacak kutusu var. Ben gümüşü çok seviyorum. Eskiden beri hep gümüşü tercih etmişimdir.

BURALAR PAHALIYMIŞ

- Ayakkabılarınız kar ayakkabısı galiba.

- Bu kadar da dikkat maşallah! Evden o kadar çabuk çıktık ki alamadım. Bu ayakkabıları ancak Davos'tan alabildim.

- Başka alışveriş de olacak mı?

- Pek sanmıyorum. Buraların pahalı olduğunu duydum. Fakat hepsi zamanlama meselesi.

- Seneye de yine gelme ihtimali var mı?

- O zamanki şartlara bağlı. Bilemiyorum Tayyip Bey'in, benim durumuma bağlı. Bu kadar yeterli çok teşekkür ederim.

- Ben teşekkür ederim efendim.

- Allahaısmarladık, hoşçakalın, çok memnun oldum.

- Ben teşekkür ederim efendim. Ben de çok mutlu oldum, hoşça kalın.

(Vedalaşma bölümünü gazetede yayımlanan röportaja koymamıştım.)

RÖPORTAJ BİTTİ, GAZETECİLER ANCA YETİŞTİ

Röportajı yapmıştık. Yaklaşık yarım saat sürmüştü. Emine Hanım müsaade isteme nezaketini gösterdikten sonra arabasına tam binmek üzereyken bir yığın araba bize doğru yaklaşıyordu. Gelenler gazeteci arkadaşlarımdı. Boyunlarında, omuzlarında sallanan objektifler, kameralar karlar içinde bata çıka koşturuyorlardı. Arabasına binmek üzere olan Emine Hanım'a:

"Diğer gazeteci arkadaşlar da geldi" dediğimde şöyle bir bakmış sonra arabaya binmişti. Kapıyı çekmeden önce de "Aydın Bey siz gerekirse anlatırsınız, benim gitmem gerekiyor" demişti. Aracı, "Emine Hanım durun, bekleyin lütfen" diye bağrışıp, koşturan gazeteci arkadaşların yanından sıyrılarak gitmişti.

Tabii beni arabalarına almayan Türkiye'den gelme meslektaşlarım da dâhil olmak üzere, hepsi başıma üşüştü:

"Ne dedi, ne anlattı?", "Var mı önemli bir şey?" vs. diye soru yağmuruna tuttular. Geçiştirdim "Davos pahalı, manzara güzel" filan dedi ama kimse olmayınca da çok konuşmadan gitti. Keyifsizdi" dedim.

Sanırım hangi gazeteci olsa aynı şeyi yapardı. Çünkü olay artık bir "özel" röportaja dönüşmüştü ve bir gazetecinin kolay kolay paylaşamayacağı bir değeri vardı.

Biraz homurdandılar, ah vah ettiler, (İlahi adalet işte kardeş!) sonra yine hepsi arabalarına binerek gittiler ve beni yine arabalarına almadılar. Artık umrumda da değildi, zaten taksici de bekliyordu.

Müsaadenizle, biraz duygularımı paylaşayım.

Yalnız kalmıştım; tıpkı geldiğim gibi. Emine Hanım'ın, "Kristal bir rüya gibi" dediği, Davos'un karlarının üzerine attım kendimi.

Sırt üstü yattım ve masmavi gökyüzüne baktım; şansın da yardımıyla iyi bir iş başarmış olmanın iç huzuruyla ve saadetle ve şükranla...

Varsın memleketimin gazetecileri umursamasın Batı Yakası'ndaki sıla duygularımı...

Sırt üstü gökyüzüne bakınırken, 1960'lı yıllarda Batı'ya gelen atalarımızdan duyduğum, sıla özlemi düştü aklıma, birden.

Şöyle anlatırlardı:

"Her pazar tıraş olur, takım elbiselerimizi giyer, güzel kokular sürer ana tren istasyonuna giderdik. O zaman bir iki tane olan Türk gazeteleri de orada satılırdı. Hem memleket havadislerinden haberdar olur hem de trenden inecek yeni 'Almancı Türkleri' hasretle gözlerdik. Masamızın üzerine de Hürriyet'i koyardık ki gelen görsün, yabancılık çekmesin. Hani yeni gelmiş... Gurbetçi... Dil yok, yol yordam yok. Ama bizler buradayız. İnsanımız sahipsiz kalmasın diye.

Gerçi gelenlerin akrabaları ya da sorumluları onları genellikle karşılarlardı... Amma velakin bizim bir başka beklentimiz daha vardı; memleket insanıyla bire bir hasret gidermek, taze haberleri onun ağzından dinlemekti.

Anlattıklarından memleket kokusu gelirdi. Hele de bir de hemşeriyse oh tadından yenmezdi!

Bu duygularla Türk diye, perona inen sağa sola bakınan, esmer, bıyıklı kaç insana 'Selamünaleyküm' deyip sarılmışlığımız vardır. Lakin sarıldıklarımızdan bazıları Yunan, İtalyan, Arnavut çıkmıştı.

Adamlar korkmuş, şaşırmış 'Ne oluyoruz', 'Kimsin, nesin' diye tepki gösterip 'Polis, imdat!' diye bağırmışlardı.

Gülerdik düştüğümüz duruma ama az buz Almancayla, pardon filan deyip sulh olurduk. Ne günlerdi!"

Sesli gülmüş olmalıyım ki Davoslu taksici "İyi misiniz?" diye sormuştu. Baş parmağımı kaldırıp zafer işareti yaptım.

Altımda yatan buzla ve karla kaplı gölün üstünden kalkmadan önce Batı Yakası'nın öncülerini, atalarımızın ruhunu şad edip bir yandan da (Niyeyse Tanrı deyince hep gökyüzüne bakarız) Tanrı'yla konuşmamı yine sürdürdüm:

"Allah'ım, bu röportajı yazı işlerine teslim etmeden, Azrail efendimizi bu gavur ellerinde bana gönderme ne olur. Cehennemlik olayım ki röportaj çıksın, başka bir şey istemeyeceğim. Huzurunda söz veriyorum büyük Allah'ım!"

Röportajı, Türkiye'den gelen meslektaşlarımdan uzak tuttuğu ve sadece bana nasip ettiği için de şükranlarımı ilettim, iman tazeledim. O berbat fotoğraf makinemi bile cebimden çıkarıp sevgiyle baktım. "Utandırmadığın için teşekkür ederim" diyerek öptüm bile!

Kendi kendimle konuşmalarımı ve finalde makinemi öpmemi biraz şaşkınlık, çokça da profesyonel bir sabırla seyreden Davoslu taksiciye doğru yürüdüm.

Davos'u takip eden gazetecilere ayrılmış basın bürosuna geldiğimde cepteki para çıkışmadı. Uzun bir yoldu; git, gel, bekle, Tanrı'ya dua derken taksimetrenin İsviçre franklı miktarı, bayağı afiliydi. Taksiciye " "Bekleyin lütfen" deyince, homurtuyla karışık "Yine mi" ve "Çok uzun mu?" demişti

Sağ olsun Münih Büro'dan değerli meslektaşım Celal Özcan, oturmuş dönemin ABD Dışişleri Bakanı Powell, Abdullah Gül ve Tayyip Erdoğan haberini yazıyordu heyecanla. "Taksi bekliyor, ödeme yapmamız lazım bende çıkışmadı" dedim.

Fiyatı sormadan giden Celal İle, ödemeyi yapan dönüşteki Celal çok farklıydı; gözleri ateş, dili sopaydı. "Git gel Davos-Edirne mi yaptın yahu?" kısmını yazayım sadece... Tabii, özel Emine Hanım röportajını duyunca "Mars'a bile gitseydin patron (Ertuğrul Özkök) gık çıkarmazdı" diyerek, gülüşmüştük.

O gün Davos'un Türkiye gündemini, Hürriyet'in Batı Yakası'ndaki gazetecileri belirlemişti. Emine Erdoğan'ın "Tayyip'i özlüyorum" başlıklı röportajı sürmanşet; Davos'a beraber gittiğimiz sevgili meslektaşım Celal Özcan'ın, ABD Dışişleri Bakanı Powell ile yaptığı özel haberi de gazetemizde manşetti.

Bazen zor işleri başarmak pamuk ipliğine bağlıdır; şans, deneyim mesleki bilgi birikimi, ekip vs. Hepsinin bir arada olması gerekir ki biri olmazsa, diğeri sizi kurtarsın.

Tıpkı daha öncelerde de olduğu gibi, geçmişten günümüze Batı Yakası'nda koşturan çok değerli gazeteci ağabeylerimiz, kardeşlerimiz, nice "özel", "flaş" haberleriyle Türkiye'nin gündemine damga vurmuşlar, Türk gazeteciliğini başarıyla taşımışlardı. Ayrılanlara bu vesileyle rahmet aramızdakilere de alkışlarla...

Unutmadan, Emine Hanımın röportajının gazetede çıktığı günün sabahı, dönemin genel yayın yönetmeni Ertuğrul Bey, Hürriyet İstanbul yazı işleri toplantısından telefonla bizzat aramış ve ağabeylerimizin, meslektaşlarımızın huzurunda "Şu anda telefonun sesi açık Aydın, seni tebrik ediyoruz. Çok güzel bir iş çıkardın. Ellerine sağlık! Röportajın kadar fotoğrafların da çok güzeldi. Tekrar tebrik ederim" diyerek beni onore etme nezaketini göstermişti!

Bunu şunun için yazıyorum:

Ertuğrul Bey'in, (ve/veya diğer yayın müdürlerinin) aktif gazetecilik döneminde, gazetede iyi iş çıkartanları tebrik ederek onore etmesi, zaman zaman köşesinde yazıp anması bence gazeteciliğin önemli artılarından biridir. Emeğe, mesleğe bu yönüyle saygıdır, hangi yönetici yaparsa yapsın!

(Meraklısına: Erdoğan ailesi ile röportaj için iki kez Davos'ta, Emine Hanım'la ve sayın Erdoğanla da birkaç kez de Berlin'de haber amaçlı bir arada olduk. Bunun dışında uzun işsizlik dönemleri dâhil, çok zor günlerimde dahi -aklımdan geçse de-Sayın Erdoğan ailesinin kapısını çalmadım. O zamanların getirdiği karşılıklı saygıya ve samimiyete, her iki taraf açısından gölge düşsün istemedim. Sonuçta ben görevimi; gazeteciliğimi yapmıştım.)

ERTESİ GÜN DAVOS VE BİZ 'İ.NELER'

O dönem (2000'li yılların başı) Davos'ta Türk gazetesi olarak sadece Doğan Grubu'na bağlı olan Hürriyet ve Milliyet satılıyordu.

Hürriyet bir Avrupa gazetesiydi. Sadece Avrupalı Türklerin değil, Avrupa'da hangi ülkede basılıyorsa o ülkenin hükûmeti ve siyasilerince de son derece ciddiye alınıyordu. Bu anlamda da gazetem Hürriyet'le hep gurur duymuşumdur.

Sabah erken vakit, Davos'taki gazeteci raflarındaki gazetelerinin hepsini almıştık. Bir muziplik yapalım dedik; aldığımız, Hürriyet gazetelerini, sabah gazetecilerin iş öncesi bir araya geldiği salonun, göze batan masalarının üstüne, görünecek şekilde yerleştirdik.

Bakıldığında Hürriyet'in birinci sayfasındaki "atlatma" haberlerimiz torik gibi duruyordu.

Celal'le (Özcan) bir köşede, sessizce birazdan gelecek gazetecileri ve kopacak fırtınayı bekliyorduk. İlk meslektaşımız laptop ve fotoğraf makineleriyle gelmiş, oturacak masa bakınıyordu. Mesleki refleksten olacak ki üzerinde Hürriyet'in olduğu masayı tercih etti.

Eline gazeteyi alması ve sürmanşetteki atlatma Emine Erdoğan röportajını görmesiyle beraber, "Has...tir" demesi bir oldu. Resmen oturduğu masadan fırladı, gazeteyi açtı ikinci atlatma haberi görünce bir "has...tir" daha geldi. Atlatma haber, zıplatma habere dönüşmüştü. Ben olsaydım aynısını ben de yapardım. Mesleki bir refleks...

Derken diğer gazeteci arkadaşlar salona girmişti ve Emine Erdoğan ve Powell ile yapılan özel röportajların olduğu Hürriyet elden ele dolaşmaya başlamıştı bile. Bir yandan da meslektaşlarımızın cep telefonları çalmaya başlamıştı. "Yazı işleri arıyor, b.ku yedik", "Şimdi ağzımıza ...", "Kol gibi atlatmışlar" vs. diyenler, telefonunu açamayanlar...

Haber atlama fırçaları sürerken baktık ki meslektaşlar o hızla bize giydirmeye başlamışlardı:

"Ulan bu haberi hangi dallama yaptı?", "Kim yaptıysa iyi geçirmiş i.neler", "Geçmiş ola beyler" ve daha buraya yazamadığım (ama bir yandan da yaptığımız haberin hakkını vererek) çok sitem, küfür işittik.

Hak etmiştik valla... Meslektaşlara fazla görünmesek iyi olacaktı.

Bu şaşkınlık sürerken, çalan telefonlara çıkan arkadaşlarla gazetelerin yazı işleri arasında geçen diyalog da pek iç açıcı değildi: "Küfür etme abi..." , "Yanlış yola girdik abi", "Abi şoför kurbanı olduk", "Eşşşek sürmesini bilmiyorsun ne demek abi, oldu bir kere."

Yani "Keşke yapmasa mıydık" diye düşündük ama artık tek düşüncemiz, gazeteleri aynı otelde kalan Tayyip Bey'le dönemin Cumhurbaşkanı Abdullah Gül'e gösterip, hem bir fotoğraf çekmek hem de habere ilişkin görüş alıp haber yapmaktı. Yani öyle ya da böyle haberi atlayanlar için trajedi devam edecekti.

Özellikle vurgulamak istiyorum: Davos'taki özel Emine Erdoğan röportajının temelinde "şans" vardı. Piyangoydu yani.

Hayatın her alanında olduğu gibi, gazetecilikte de "şans" önemlidir. Yoksa yaptığım; çok özel, aylara, yıllara dayanan, didik didik bir çalışma, araştırma ya da istihbarat falan değildi. O dönem orada olan gazeteci arkadaşların hepsi, benim yakaladığım şansı yakalasaydılar onlar da yaparlardı. Belki daha da iyisini... Çünkü güzel fotoğraf makineleri vardı.

Kaldı ki Hürriyet'te yayınlanan röportajın girişine de "Diğer gazeteciler yanlış adrese gidince, Emine Erdoğan hanımefendiyle sohbet Hürriyet'in muhabiriyle gerçekleşmiş oldu" diye de dürüstçe yazmıştım. Sanırım gazetecilik derslerinde, "şansın" önemine örnek olabilecek bir röportajdı. Gerisi okuyucunun takdiridir.

Unutmadan, Tanrı'ya dua etmeyi de eksik etmemek lazım. Malum; "Tanrı istemezse yaprak düşmezmiş."

TAYYİP BEY EURO BORCUNU(!) HÂLÂ ÖDEMEDİ

Meslektaşlarımızın yaşadığı şok sürerken, Tayyip Bey'in yanı sıra çok sayıda bakanın, iş ve finans dünyasından ismin kaldığı otelin lobisine geçip Tayyip Bey'i beklemeye başladık. Meslektaşlarımın İstanbul'la telefon trafiği sürüyordu. Bir süre sonra Tayyip Bey'in merdivenlerden inmesiyle her şey bıçak gibi kesildi. Hepimiz deyim yerindeyse Tayyip Bey'in başına üşüştük. Bu arada flaşlar patlıyor ve çeşitli sorular geliyordu.

Malum, dirsek dürtmeli gazeteci yarması yaparak elimdeki Hürriyet gazetesiyle Tayyip Bey'in yanına sokuldum. (Bunu bir kez de Berlin'deki Şehitlik Camisi'nin açılışında yapmıştım ama o zaman caminin açılışına katılan Tayyip Bey konuşmamıştı.) Hürriyet'in birinci sayfasını gösterdim ve aramızda ayaküstü şöyle bir konuşma geçti:

- Efendim sayın eşiniz Emine Hanım ile yaptığım röportajı okuyabildiniz mi, haberiniz var mı?

- Hayır... Gün daha yeni başlıyor, gazeteleri göremedik. Ne zaman görüştünüz Emine Hanım ile yahu, hiç haberim yok!

Kendisine Hürriyet'in birinci sayfasını gösterdiğimde, gazeteyi elimden alıp göz gezdirdi.

- Şimdi haberim oldu işte. (Gülüşerek)

- Beğendiniz mi?

- Ooo! Güzel çıkmış, güzel. Bakalım başka ne varmış... Baksana Powell de varmış. Biliyor musunuz, o şimdi bizi bekliyor.

- Yani onu da mı bizden öğrendiniz?

(Çok kısa bir sessizlik. Manşetteki Powell haberine bakıyor.)

GAZETEMİ ALDI, BOZUK ÇIKIŞMADI

- Hımmm! Ya bu böyle olmayacak arkadaş, ayaküstü olmayacak. Müsaade edin gazetenizi alıp aracımda okuyayım. Çünkü geç kalacağız.

- Estağfurullah efendim. Tabi ki ama gazetenin fiyatı 1 euro.

- (Gülerek) Allah Allah, çocuklar yanınızda 1 euro var mı?

Korumalar, bir kısım zevat biraz da şaşkınlıkla ellerini ceplerine doğru götürürken hemen devreye girdim.

- Efendim hiç acelesi yok, Türkiye'ye gelince bir çayınızı içer, 1 euromu da alırım sizden.

Hepimiz gülüşüyoruz.

- Tamam, tamam yahu! Veririz 1 euronu. Alacağın alacak ya! Haydi arkadaşlar! Allahaısmarladık, görüşürüz.

Elinde Hürriyet gazetesiyle, gazeteci ordusundan ayrılarak arabasına doğru yürümüştü.

Sayın Cumhurbaşkanım;

Neredeyse aradan 20 yıla yakın zaman geçti ve hâlâ "Alacağın alacak" sözünüz duruyor. Ortada ne 1 euro ne de çay var! İkisinin de hâlâ tarafıma ödenmesini bekliyorum.

Vallahi kul hakkıdır Sayın Cumhurbaşkanım!

O zaman, Başbakan ve AK Parti Genel Başkanıydı Tayyip Bey!

Ama…

Hani derler ya, "Valla isterse cumhurbaşkanı olsun!" Ben hala 1 euro ve tavşan kanı bir bardak çaydan yana alacaklıyım arkadaş!

Kavlimiz böyleydi!

***

Tabii ki bir gazeteci, siyasetçi latifesi… Verse de vermese de benden yana helalühoş olsun. Lakin alacağımı da elinden alırsam iyi olacak hani!.. Çünkü 1 euroluk Hürriyet'i, elimle vermiştim Tayyip Bey'e.

Bazı fanatik "Reis severlerle" sohbet açıldığında, "Bir değil on verelim, bin verelim, Reis borçlu kalmasın" derler.

Milyon verseler itibar etmem.

Ben verdiğimi tanırım arkadaş!

1 euroluk alacağımı, helal etmiş de olsam, borçluya hatırlatıp mevzuyu "şimdilik" noktalıyorum!

DAVOS'TA ROMANTİZM, MİZAH HATTA GIRGIR

Batı Yakası'ndaki gazeteci, Davos'ta karşılaştığı, çiçeği burnunda AK Partili bakan ve bürokratlara kısacası hükûmet zevatına dair gözlemlerini de paylaşmak ister. Aradan neredeyse 20 yıla yakın zaman geçti.

İlk söyleyeceğim, Tayyip Bey'in ve Davos'taki AK Parti heyetinin o dönemki (2003) esintilerinde en çok dikkatimi çeken, ekiptekilerin şakaları, hoşgörüleri, samimiyetle dinlemeleri ve cevaplarıydı.

Hele dönemin Başbakanı Sayın Abdullah Gül ve eşi Sayın Hayrünnisa Hanımefendi...

Bence o dönem Davos'taki en güler yüzlü, en sempatik çiftiydiler.

Abdullah Gül, Davos'taki, off the record görüşmelerde ve "biz bize" olduğumuz birkaç yemekte ya da kokteylde, kendine has, tebessüm eden yüz ifadesiyle bir arkadaş, bir basketbol koçu ya da lise öğretmeni gibi "Hep yanınızdayım, sizden biriyim" duygusunu vermişti bize. Bir kokteyl sırasında kendisine de söylemiştim bu duygularımı: "Efendim gülümsemeniz eksik olmasın! Bize hep olumlu enerji ve samimiyet duygusu veriyor. İlerleyen yıllarda da böyle görmek isteriz."

"İnşallah, inşallah! Siyaset bizi değiştirmemeli" diye cevap vermişti çiçeği burnunda Başbakan Sayın Gül.

Davos'ta da akıcı İngilizcesi ile "Türkiye-AB ilişkilerine" ve özellikle "devletin İslamileşeceğine" yönelik kaygılara işaret eden sorulara verdiği yanıtlarla Batı'ya güvence vermişti.

2003 yılındaki Davos günlerinde, AK Parti hükûmetindeki bakanlar, şakalar yapıyor, çevresindekilere takılıyor ve takılanlara "gırgır" cevaplar veriyorlardı.

Gülen-güldürenlerdi... Romantiktiler...

Tayyip Bey ile Emine Hanım'ın Davos'ta karlar arasında el ele gezmelerinin, arada bir göz göze gelmelerinin, biz basın için verilmiş pozlar olduğunu hiç sanmıyorum. Yaptığım röportajdan bildiğim için söylüyorum; Emine Hanım doğallığı yeğleyen ve poz vermekten hiç hoşlanmayan biri olduğu için mizacına tersti bu tür pozlar.

AK Parti'nin 20 yıl önceki, ideallerle sarmalanmış, demokrat ve hoşgörülü ruhuydu bu. Galiba Batı Yakası'ndaki gazeteci, 2003'te, AK Parti'nin Türkiye'den esen "Davos baharını" yaşamış olmalıydı.

'HERKES O RÖPORTAJI KONUŞUYOR'

Zirveye GÜL gibi yorum...

Herkes bu röportajdan bahsediyor

oylama 'savaşa çıkar

Emine Hanım ile yapılan röportajımın çıktığının ertesi günü, Türkiye'den gelmiş gazeteci arkadaşlarla bir basın toplantısı yapılmıştı. Toplantıdan haberim yoktu, dışarıda haber peşindeydim. Toplantıya katılan bir gazeteci, Emine Erdoğan'ın, röportajın başlığı olarak kullanılan "Tayyip Bey'i özlüyorum" ifadesini hatırlatarak bir soru sormuştu: "Efendim öyle dediniz mi, demediniz mi? Özlüyor musunuz gerçekten?"

'BEN ÖYLE SÖYLEMEDİM'

Emine Hanım "Ben tam olarak öyle söylemedim ya... Farklı anlaşılmış" yanıtını verince, gazetecilerden de "Nasıl yani Tayyip Bey'i özlemiyor musunuz yoksa? Aksini söylemek mümkün mü?" diye bir soru daha gelmiş. Emine Hanım da bir an "hayır" dese bir türlü, "evet" dese başka türlü ikileminde kalmış. Ortaya çıkan bu duruma, Emine Hanım da dâhil herkes kahkahayı patlatmış...

Röportajın çıktığı ilk günde Emine Hanım'la karşılaşmış, merhabalaşmıştık. Kendisi yine hâl hatır sormuş iyi dileklerini aktarmıştı. Açık havada, karların üzerinde, ayaküstü yaptığımız sohbet aynen şöyle gelişti:

- Merhabalar efendim. Nasılsınız, röportajınızı okuyabildiniz mi?

- Okuyamadım ama burada herkes o yaptığımız röportajdan bahsediyor. Gazete var mı yanınızda?

- Efendim az önce sayın eşiniz Tayyip Bey istedi ona verdim.

- Tamam, o zaman Tayyip Bey ile beraberce bakarız.

Vedalaştık.

Emine Hanım, Hayrünnisa Gül'ün de bulunduğu gruba doğru, ben de "Davos, zenginlerin ve emperyalistlerin utanç buluşmasıdır!" diye bağırarak protesto gösterisi yapan, polislerle itişip kakışan gençlere doğru yürüdüm.

***

Emine Hanım yıllar sonra Berlin'e geldiğinde yine ben takip etmiştim... Ayaküstü gazetecilerle yapılan sohbette, Davos'ta yaptığımız röportajı hatırlayarak "Siz, çocukken ölen kedime olan sevgimle ilgili röportajı yapan gazetecisiniz değil mi? Nasılsınız?" diyerek el sıkışmıştık.

Şaşırmıştım, çünkü ne kendimi tanıtabilmiş ne de röportaj hatırlatmasında bulunmuştum. Hatırlatmak için fırsat beklerken, Emine Hanım daha erken davranmıştı. Gazetecinin işiyle anılması evrensel bir mesleki hazdır. Batı Yakası'ndaki gazeteci çok mutlu olmuştu.

BİTTİ:

Emine Hanım'ın Tayyip Bey'i işaret ederek "Röportaja beraberce bakarız" sözü üzerinde biraz tahayyül ettim. "Kristal bir rüya gibi" olan, romantik Davos'taki otel odasında, zaman zaman özlediği eşiyle yan yana, şöminenin karşısında oturup bir gazetenin sayfalarındaki sevgiye, özleme dair kelimelere beraberce bakmak... "Seni özlüyorum" başlığından hareketle ertelenmiş duygulara, özlemlere, tazelenen sevgilere dair hasbihâl etmek…

Başını omzuna yasladığı eşine "Seni seviyorum ve özlüyorum" sözcüklerini söyleyen bir kadın, bir anne, zor yollardan geçmiş bir siyasetçi eşi…

Bu anlarda mutlu, eşini seven, duygularını içinde yaşayan bir aile reisi…

Batı Yakası'ndaki gazeteci, o zamanın kahramanlarını, "O zamanın ve mekânının ruhuyla" böyle tahayyül etmeyi tercih ediyor.

Emine Hanım'la karşılaşmayalı yıllar yıllar oldu. Acaba şimdi nasıldır?

Ya da eskilere hiç mi dokunmasak?..

"Kristal rüya" olduğu gibi mi kalsa, zaman donsa?

Ve Tayyip beyli bu tahayyülün fondaki şarkısının adı da, "Ne olur akşamları gelsen otursan yanı başıma" olsa!

EFSANE
ŞANSÖLYE
MERKEL

Angela Merkel ülkedeki Türkler'e seslendi:

AYRAMLAR

leki ilk Türk millitvekili Emine Demirbüken ile görüşen baş-
üm Müslümanlar'ın Ramazan Bayramı'nı kutlarım" dedi.

Angela
inünde,
Alman-
Ramazan
genelinde
arti
sine gir-
lletvekili
et'in getir-
lerkel,
'in ve di-
zın Ra-
ice mutlu

anıyım

erkezinde,
n kurulu
nı zaman-
esi olan
r Hürri-
en Merkel
ım alemi
iliyorum.
tsal bir
ndan da
e gitti-
ü bir kez
ım olmuş-
lerin ve
akanı ola-
e bayram-
N

Merkel, Hürriyet muhabiri Aydin Ulun'un kendisine hediye ettiği lokumu da "İyi bir bayram hediyesi" olarak niteledi ve "Bayramda beni hatırlamanızdan dolayı çok teşekkür ederim" dedi. **Fotoğraf: Murat TOSUN**

'ULAN AYDIN'

Dünyanın en güçlü liderlerinden Almanya Şansölyesi Angela Merkel, gazetecilerin en zor randevu alabildiği ve bire bir görüşebildiği siyasi liderlerden biridir. Röportaj talebi kabul edilse bile aylar sonraya randevular verilir, belli bir süre konulur. Genel uygulama insanı canından, gazeteciliğinden bezdirir. Sorular istenir, uygun olanları cevaplanır, gazeteye girmeden bir "son hâli" istenir, "orası eksik burası fazla" itirazları başlar, telefon görüşmeleri sürer. Nihayet mutabakat sağlandıktan sonra da röportaj yayına girer. Röportajın tadı, tuzu, heyecanı uçar gider anlayacağınız.

Sevgili okurum, hiçbir röportaj, yüz yüze yapılan "bire bir röportaj" kadar şehvetli ve lezzetli değildir. Hele de kahramanlarınız, konuklarınız zor ulaşılanlar, "first"ler ise konular bakir ve mevzuyu da ilk siz patlatacaksanız gazetecilikte "altın vuruşu" yapmışsınız demektir. En azından bizim dönemimizde böyleydi...

Gazeteciliğin "manuel" döneminden gelen ve eskimeyen gazeteci büyüklerim bunu iyi bilirler.

Angela Merkel ile "özel ve sıra dışı" bir röportaj yapmak, bu satırların yazarının, Almanya topraklarındaki gazetecilik yıllarının ilk üç hayali arasındaydı.

Her zaman Sayın Merkel'le röportaj yapmayı bekleyen nice gazetecinin arasından sıyrılıp da bu röportajı gerçekleştirmemi, Hristiyan Demokrat Birlik Partili (CDU) sayın Emine Demirbüken Wegner'e borçluyum.

Siyasi yaşamını, bir gazeteci olarak yıllarca yakından izlediğim Emine Hanım'a, şükran duygularımı bu vesileyle bir kez daha sunmak isterim.

CDU tarihinde bir ilke imza atarak Berlin Eyalet seçimlerinde 1. sıradan aday gösterilen "ilk Türkiye kökenli milletvekili" unvanına sahip Emine Hanım, ilk günden beri Merkel'in destek ve sevgisine mazhar olmuş bir siyasetçi oldu hep!

Muhafazakâr ve sağcı yapıda olan CDU, uzun yıllar Almanya'daki Türkiyelilerin sevmediği, "sağcı ve yabancı aleyhtarı" olarak nitelendirdiği bir partiydi. Almanya'daki Türk kamuoyunda böyle bir algıya sahip partiye, Türkiye kökenli birinin girmesi (hele de 2002 yılında Merkez Yönetim Kurulu'na seçilmesi), hiç unutmam, çok büyük tepki almış, Emine Demirbüken Wegner'e, "hain" başta olmak üzere söylenmedik, edilmedik laf kalmamıştı.

Emine Hanım o yıllarda yaptığım röportajda kendisine yönelik acımasız, bazen de hakarete varan eleştirileri (mealen) şöyle cevaplamıştı:

"Ön yargıları, yanlışları yıkmak için kaynağına girmek ve sabırla anlatmak lazım. Çözüm inatlaşmadan değil yapıcı bir dilin diyaloğundan geçer. CDU'da bir Türkiyeli olarak politika yapmak, başka bir partide görev yapmaya benzemez. İşimin zor olduğunu biliyorum; CDU'ya Türkiyelileri, Türkiyelilere de CDU'yu anlatmak gerekecek. Sonuçta hepimiz bu ülkenin vatandaşlarıyız... Bu anlamda katkım olursa ne mutlu bana. Yola böyle çıkıyorum" demişti.

Bu vesileyle, mültecileri Almanya'ya kabul ederek oy kaybını göze alan, ardından da politikadan ayrılacağını belirten Merkel'in, CDU'daki en yakınlarından birinin, ta 1995 yılından beri bir "yabancı" olduğunu vurgulamalıyım.

Emine Demirbüken Wegner, Türkiye ve Atatürk sevgisini hep içinde taşıyan, Türkiye'nin tanıtımı için çaba harcayan, Türkiye'yi her fırsatta Alman dostlarına anlatan bir siyasetçidir. Bunun yanı sıra çocuklarını da özenle ve aynı zamanda Türkiye sevgisiyle de büyüten üzerlerine titreyen bir annedir...

Bayan Merkel'le röportaj isteğimi Emine Hanım'a açtığımda şöyle bir strateji izledik:

- Ramazan Bayramı'nda (2006) birlikte Merkel'i ziyaret edip Türk usulü bayramını kutlayalım. Bu ziyareti gazetem (Hürriyet) bayram günü manşet olarak verir diye tahmin ediyorum; "Almanya Başbakanı Türk ve İslam âleminin Ramazan Bayramı'nı kutladı" diye. Hem belli ön yargıları olanlara da bir mesaj göndermiş oluruz. Ne dersin?

- Çok iyi fikir! Sanırım, Şansölyeleri (Merkel) için bu bir ilk olacak. Kutlamayı nasıl yapmayı düşünüyorsun?

- Kabul ederse lokumumuzu alıp beraberce ziyaretine gidelim, el sıkışıp karşılıklı bayramlaşırız! O da Almanya'daki Müslümanların Ramazan Bayramını kutlar bu vesileyle... Bize de şu ahir ömürde "Şansölye ikramı", acı bir kahve içmek nasip olursa ne mutlu. (Gülüştük)

- Bir konuşayım. Sanırım olur, çünkü kutsal günleri ve bu tür değerleri çok önemser. Zaten sık sık yazılı kutlamaları olmuştur. Neden olmasın? Elimden geleni yapar sana bildiririm.

Emine Hanım'a daha sonra randevuyu nasıl aldığını ve zor olup olmadığını sorduğumda, Şansölye ile bizatihi konuştuğunu ve Merkel'in kurmaylarına bile danışmadan "Çok memnun olurum" deyip randevu verdiğini söylemişti.

Çifte kavrulmuş, gösterişsiz (gösterişi hiç sevmezmiş) bir ambalaja sarılı lokumumuzla bayram günü yola çıktık.

CDU'nun, görüntüsü gemiyi andıran, her tarafı camlarla kaplı Berlin'deki binasında Şansölye (Başbakan) Merkel'in "Kadifeye sarılmış demir el" dedikleri küçücük elini sıkarak bayramlaştık.

Partisinin aylık federal yönetim kurulu toplantısına girmeden önce karşılamıştı bizi. Emine Hanım, ben ve fotoğrafları çekmek için Hürriyet'ten Murat Tosun arkadaşım. Emine Hanım ev sahiplerinden olduğu için bizi Bayan Merkel'e sunan da o oldu. "Hürriyet, Herr Ulun" deyince, Merkel dudaklarına yaydığı tebessüm ve nezaket dolu bir tonlama ile Almanca, Türkçe karışık "Herr ULAN hoş geldiniz" dedi ve el sıkıştık.

Benim soyadı mağduriyetim hep "Ulan" ya da "Ulu" veya"Olun" olmuştur. Son ikisinde sakınca yok da "Ulan" ile anılmayı askerde, Almanya ve Türkiye'deki devlet dairelerinde sıkça yaşamışımdır ve epey güldürmüştür beni.

Şimdi şansölyeleri Bayan Merkel'in de "Herr Ulan" ile giriş yapacağı, vallahi aklımın ucundan bile geçmemişti. "Dakika bir, gol bir" diye düşünürken, bir yandan da yüzümdeki gülümsemenin kahkahaya dönüşmemesi için kendimi zor tutuyordum. Çünkü kahkahanın nedenini sorarsa Türkçe izahı 'çile bülbülüm çile'!

Bu arada Emine Hanım, "Türkçe merhaba diyerek selamlayabilirsiniz" diye, uyarınca Bayan Merkel, "A evet! Bu kelimeyi biliyordum ama unutmuşum. Merhaba Herr ULAN" diye devam etmişti. Al bir "Ulan" daha!

Emine Hanım'ın biraz tonlayarak "Ulun" diye tekrarlaması üzerine Bayan Merkel de "Ja, ja" (Evet, evet) demiş ama arkasından yine "ulan" ile devam etmişti. Velhasıl kapıdan bizi uğurlarken bile, "ulan" ile vedalaşmıştık.

Yaklaşık on dakikalık bayram ziyaretinde Bayan Merkel, son derece samimi bir hava içinde konuştu bizlerle. Bayrama yönelik soruları ve ilgisi, güler yüzü, zaman zaman eliyle dokunarak konuşması, özellikle de tevazusu ile gönlümüzü fethetmişti.

Merkel, toplantı odasındaki bazı bakan ve bürokratlara da beni "Hürriyet'ten Herr Ulan" diye tanıştırmıştı. "Hürriyet" çalışanı olmak, bir gazeteci için Almanya ve Avrupa'da, Türklerin yaşadığı her ülkede bir gurur ve referanstı.

LOKUM DİŞLERE YAPIŞABİLİR

Dönemin Maliye Bakanı Wolfgang Schauble da tekerlekli sandalyesindeydi. Emine Hanım, bize önceden durumu aktarmış ve lokum ikram ederken mutlaka eğilip lokum kutusunu elinin seviyesinde uzatmamızı tembihlemişti. Bir de lokumun ikram sonrası yenmesi konusunda ısrarcı olmamamız gerekiyordu. Çünkü takma dişlere yapışabilirdi.

Lokumları yanındaki bakanlara ve diğer arkadaşlarına ikram eden Merkel, bir müddet sonra elindeki kutuyu yardımcısına verdi. Merkel, "Mmmm çok lezzetli; çok güzel bir bayram hediyesi. Tekrar teşekkür ederim" demişti.

Bu arada dikkat ettim lokumu çok rahat yemişti, dişlerine yapışmamıştı. Gerçi Bayan Merkel, bende, dişlerine yapışsa bile bunu mizaha vuracak yapıda bir insan olduğu izlenimini uyandırmıştı. Daha sonraları Emine Hanım'la Merkel üzerine konuştuğumuzda özel anlarında Bayan Merkel'in inanılmaz espritüel ve şakacı bir yapısı olduğunu anlatmıştı. Hem de, şu kırıp güldüren cinsinden...

Ama CDU'nun Berlin'deki genel merkezinde, aralarında MYK üyelerinin, bakanların bulunduğu zevattan bazılarının "lokum yapışmalı elli dilli mağduriyet" yaşadığı gözümden kaçmamıştı.

Ne yalan söyleyeyim yılların parlamento muhabirleri dâhil diğer gazeteleri atlatmanın "mesleki mutluluğu" içinde ayrılmıştım Almanya'nın ve Almanya'daki Türkiyelilerin de başbakanı olan Bayan Merkel'in "kalesi"nden.

Haber, ertesi gün gazetem Hürriyet'te manşetten girmişti. Haber konusu itibariyle Türk ve Alman basınında bir ilkti. O haberin arkasında yatan "Ulan"lı hikâye ve dünya liderlerinden Merkel ile yaşanan hoşlukları paylaşmak da bu kitaba nasip oldu.

Şansölye Merkel'in şarap konusunda hem iyi bir "içici" hem de iyi bir "seçici" olduğunu (tabii ki dostlarla, özel anlarda ve özel mekânlarda) yakın çevresinden öğrendiğimde şaşırmadım desem yalan olur. Döneri çok sever. Bir bakarsınız ki sıradan vatandaş gibi bir döner büfesinin önünde sıraya girmiş. Özel muameleyi hiç sevmez; sarımsaklı ya da acılı soslu ekmek arası döner yiyen, sıradan insanlar arasına karışır. Eline döner bıçağını alıp (biz gazeteciler için de olsa) dönere bıçak sallamışlığı da çoktur; hem de gayet ciddiye alarak. Sonra kararlı bir yüz ifadesiyle ustaya dönüp Türkçe, "Naasıl beğendin mi?" diye sorar.

Döner ustalarından çok sayıda "Sehr schön" takdiri almıştır yani.

Biz Batı Yakası'ndaki Türk gazetecilerin, Şansölye Merkel'in elinden haberden habere de olsa tadımlık döner yemişliği vardır.

Demem o ki Alman devlet kesesinden ve dahi elinden döner yediğimiz için bize de "hakkı" geçmiştir.

Naçizane Batı Yakası'ndaki bu gazeteci kulunuz da Almanya'daki Türklerin göç tarihine tanıklık macerasında, Alman Şansölyesi Angela Merkel'e, bayram şekeri ikram eden ilk gazeteci olması hasebiyle, kendi kesesinden aldığı çifte kavrulmuşu helal etmiştir... Böyle de biline(!)

BİTİYOR

Yıllarca CDU merkez yönetiminde yer alan ve Şansölye Merkel ile çalışan, çalışmakla kalmayıp Merkel'le binbir duyguya ortak olan Emine Demirbüken Wegner'e, "Şansölye Merkel'in siyaset dışında en çok neyini beğenirsin ya da yakınları neyini beğenirler" diye sormuştum. "Mizahını" demişti. Emine Hanım'a kulak verelim:

"Siyasetin en gergin anlarındaki toplantılarda bile öyle yerinde ve güzel espri yapar ki, üç beş kahkaha sonrası bir bakarsınız enerjiniz yenilenmiş. Mizaha batıp çıkmış ve tazelenip daha üretken olmuşuzdur.

Çok iyi bir fizikçidir. Ama siyaset psikolojisi ya da siyasetin gülen yüzü diye bir bilim dalı olsa Bayan Merkel bu branşın on numarası olur, derim.

Dostlar arasındaki Bayan Merkel'in bulunduğu yerden hep şen kahkahalar yükselir. Elindeki şarap kadehiyle tüm dostlarının arasında dolaşır, yapmacık değildir samimi bir ilgi gösterir. Sanıyorum Bayan Merkel'i parti içinde hep çok sevilen biri olmasının nedeni onun neşelendiren neşesi ve hissettirdiği samimiyetiydi."

Aklım karıştı şimdi!

Bu kadar "şen şakrak" olabilen Bayan Merkel'in, bayram ziyareti boyunca bana, "Bay Ulun" yerine habire "Herr Ulan" demesinin arkasında yine, 'bir Merkel muzipliği' yatmasın?

Uzak ihtimal ama eğer öyleyse, vehmim değilse...

İlahi Bayan Merkel aşk olsun ve de harbiden helal olsun...

BİTTİ

Ve sen de bu kitabı yazarken anca uyandıysan bu duruma, yazıklar olsun sana gazeteci efendi!

Demek ki Batı Yakası'ndaki gazeteci bunu hakketti!

Ah, ULAN Aydın!

BERLİN-DATÇA